SIEGERSYSTEM

GEWINNEN IST BAUCHSACHE

... oder wie man durch ein neues Denken
zum Gewinner wird!

Band I: Theoretische Hintergründe

von
Thomas A. M. Windelschmidt

SIEGERSYSTEM

GEWINNEN IST BAUCHSACHE

... oder wie man durch ein neues Denken
zum Gewinner wird!

Band I: Theoretische Hintergründe

von
Thomas A. M. Windelschmidt

Impressum

Umwelthinweis

Dieses Buch und der Schutzumschlag wurden auf chlorfrei gebleichtem Papier gedruckt. Die Einschrumpffolie zum Schutz vor Verschmutzung ist aus umweltfreundlichem und recyclingfähigem PE-Material.

Bibliografische Information der Deutschen Nationalbibliothek

Die Deutsche Nationalbibliothek verzeichnet diese Publikation in der Deutschen Nationalbibliografie; detaillierte bibliografische Daten sind im Internet über www.dnb.de abrufbar.

Autor:

Thomas A. M. Windelschmidt

www.siegersystem.de / www.omniavision.de

Verlag

Deutscher Verlag für Bildung, Wissenschaft und Forschung, Eppingen

Umschlagfoto: © Pixabay

Erstauflage 2019

Printed in Germany

ISBN Hardcover	978-3-96565-024-4
ISBN Paperback	978-3-96565-025-1
ISBN Epub	978-3-96565-026-8
ISBN Mobi	978-3-96565-027-5

Für alle Menschen,
die gerne zu den Gewinnern gehören …

Inhaltsverzeichnis

1. Danksagung

Ich habe inzwischen einige Bücher zu unterschiedlichen Themen geschrieben. Dabei ist mir, insbesondere nach der Fertigstellung meiner Trilogie "Omniatherapie: Gesundheit & Glück durch Verstehen & Versöhnung", erneut bewusst geworden, welches Glück ich in meinem Leben habe.

Darum danke ich an dieser Stelle als erstes demjenigen, dem ich alles zu verdanken habe, wobei "der" bzw. "demjenigen" nicht wörtlich zu verstehen ist, da es sich mitnichten um eine Person, geschweige denn um einen Mann handelt. Ich danke, wie übrigens jeden Tag mehrfach, Gott, unserem Schöpfer, dem Universum, dem Einen oder wie auch immer man das Unfassbare bezeichnen mag. Ich weiß, dass gerade mein Gottvertrauen die Basis für mein glückliches und erfülltes Leben ist.

Als zweites danke ich meiner ganzen Familie und meinen Freunden, die manches weitere Gegenlesen ertragen mussten und für Gespräche und Diskussionen zur Verfügung standen. Toll, dass ich solch eine Familie und so super Freunde haben darf, die mich unterstützen und motivieren. Vielen Dank.

Dazu danke ich meinem Verlag, dem Deutschen Verlag für Bildung, Wissenschaft und Forschung, der es mir ermöglicht hat, meine Bücher in der Form zu publizieren, wie ich es mir vorgestellt habe. Ich kann nur jedem, der ein wissenschaftliches Buch schreiben und veröffentlichen möchte, ans Herz legen, sich an den www.DVBWF.de zu wenden.

2. Vorwort von Andreas Lorenz

Als mich Thomas A. M. Windelschmidt fragte, ob ich ein Vorwort für das Buch "Siegersystem - Gewinnen ist Bauchsache" verfassen würde, habe ich mich darüber gefreut. Ich zögerte keine Sekunde, denn wir denken zu einigen Themen sehr ähnlich, was immer wieder zu höchst spannenden Gesprächen führt, die wir beide sehr genießen.

Was mir an den Büchern des Autors besonders gut gefällt, sind seine systematische Herangehensweise und seine Kompetenz, Sachverhalte sehr einfach verständlich auf den Punkt zu bringen. Sie werden also keine abgehobenen wissenschaftlichen Abhandlungen vorfinden, sondern emotionale, menschlich ehrliche Erläuterungen zu Sachverhalten, die der eine oder andere schon mal vergisst. "Man muss die Menschen nur ab und zu erinnern", sagt der Autor gerne, "eigentlich wissen sie es." Dieses Erinnern gelingt dem Autor nach meiner Auffassung sehr gut.

Zum Gedankenkonzept Siegersystem von Thomas fällt mir folgendes ein, was sehr gut zu meiner Herangehensweise passt:

Sieger- und Gewinnertypen, egal, ob bewusst oder unbewusst, haben alle eins gemein: Sie leben ihre Potenziale im Rahmen ihrer Rolle, mit der sie siegen und gewinnen.

Stellen Sie sich bitte einmal sämtliche Rollen, die Sie im beruflichen, privaten und gesellschaftlichen Kontext zu spielen und erfüllen haben, bildhaft als Schuhe vor. "Wenn der

Schuh passt, dann läuft es." Wenn Sie sich in diesem oder jenen Schuh (also Rolle) wohl fühlen, ein sicheres Auftreten haben, der Schuh zum Anlass passt, dann blühen Sie auf und entfalten sich in Ihrem Wesen und über Ihre Person. Drückt hingegen ein Schuh, ist er zu klein oder zu groß, ist er ausgelatscht, kaputt oder einfach nicht der richtige Schuh, dann fühlen Sie sich mit jedem Schritt auf Ihrem Lebensweg unwohl, laufen sich womöglich Blasen, fühlen sich eingeengt oder unsicher.

Einige Menschen arrangieren sich damit, tragen Blasenpflaster und nehmen Unannehmlichkeiten in Kauf, zugunsten des ansehnlichen Lackschuhs, der ihnen vermeintlich Anerkennung anderer beschert. Bis zu dem Tag, an dem sie mit ihrem Schuh umknicken und eine Bauchlandung machen. Im Laufe eines Lebens kommen da etliche Schuhe zusammen. Einige hat man sich selbst ausgesucht, einige hat man von anderen bekommen - ob man sie wollte oder nicht. An einigen Schuhen hält man fest, obwohl sie einem zu klein geworden sind, ein Loch haben oder der Lack ab ist. Manch einer schafft es nicht, aus seinen Kinderschuhen herauszusteigen.

Die Sieger- und Gewinnertypen im Sport tragen allesamt die für ihre Aufgabe bestentwickelten Schuhe. Kein Marathonläufer käme auf die Idee, in Fußballschuhen zu laufen, oder in Schuhen, die ihm nicht passen. Keine Hürdenläuferin würde mit High-Heels antreten. Und so verhält es sich auch im Alltag:

Sieger- und Gewinnertypen gehen ihren Lebensweg in den für sie optimalen Schuhen - also Rollen. Ein Freigeist quält sich schlicht in der Rolle des Sachbearbeiters. Er will seinen Visionen freien Lauf lassen - in den geeigneten Schuhen. Der Logiker hingegen verzweifelt in der Rolle des Visionärs. Er blüht auf, wenn er mit sachlichem Verstand Schritt für Schritt in seinen Schuhen vorgehen kann.

Werden Sie sich Ihrer Rollen - also Schuhe - bewusst, und entscheiden Sie, in welche Schuhe Sie morgen wieder schlüpfen möchten oder müssen, und ob Sie sich in ebendiesen in Ihren Potenzialen, Wünschen und Ansprüchen entfalten können. Wenn ja, sind Sie vielleicht bereits ein Sieger- und Gewinnertyp. Gratuliere! Falls nicht, hilft Ihnen dieses Buch vielleicht, fortan das eine oder andere Paar Schuhe auszusortieren, nicht mehr anzuziehen und sich ein neues Paar Schuhe zuzulegen. Oder mit einem an sich noch passablen Paar Schuhe einmal zum Schuster zu gehen, dieses wieder auf Vordermann bringen zu lassen und fortan wieder, wie gewohnt, ein sicheres Auftreten und mit jedem Schritt auf Ihrem Lebensweg ein gutes Gefühl zu haben.

Dies wünscht Ihnen
Andreas Lorenz

Andreas Lorenz verwandelt jede Bühne in einen Treffpunkt für Inspiration. Die Menschen inhalieren seine Impulse wie eine Extradosis Sauerstoff. Seine Vorträge rocken das Auditorium. Im März 2018 hat er beim Münchner Speaker-Slam einen Weltrekord aufgestellt. Wenn seine Teilnehmer/innen sich am nächsten Tag morgens die Schuhe anziehen, denken sie automatisch an ihn - das ist Andreas Lorenz.

Handshakes mit herausragenden Persönlichkeiten wie dem damaligen Papst Benedikt XVI oder der Bundeskanzlerin Angela Merkel sind für den unangefochtenen Experten für Rollenverständnis und -entwicklung kein großes Ding. Er wurde von der Robert Bosch Stiftung zu einem der Top 150 verantwortlichen Menschen in Deutschland ernannt.

Sein Lebensmotto "Wenn der Schuh passt, dann läuft es" haben sich tausende von Menschen zu Herzen genommen und ihren Lebensweg gefunden.

Der Begriff der aktiven Authentizität® entstammt aus Andreas Lorenz Feder, und er prägt ihn bis heute wie kein anderer. In seinen Vorträgen, Seminaren und Coachings vermittelt er nachvollziehbar und erfrischend, wie Unternehmen und Menschen aktiv authentisch Potenziale entfalten, Kernwerte leben und gehaltvolle Erfolge erzielen.

Derzeit promoviert Andreas Lorenz über dieses Thema an der Elite Universität KIT in Karlsruhe und darf somit die aktive Authentizität® in den Stand der Wissenschaft erheben!

3. Vorwort von Thorsten Schulte

An den Tag, als ich Thomas A. M. Windelschmidt in Karlsruhe kennengelernt habe, erinnere ich mich, als wäre es gestern gewesen. Wir haben sofort einen Draht zueinander gefunden, was auch damit zusammenhängen kann, dass wir uns beide mit dem Geld- und Finanzsystem befasst hatten, über welches er ein Buch verfasst hatte, und somit ein uns interessierendes Thema Grundlage unseres ersten Treffens sein konnte. Auf jeden Fall entwickelte sich ein sehr spannendes und interessantes Gespräch, das für uns beide Anlass war, ein Folgetreffen zu vereinbaren.

Tatsächlich haben wir uns dann auch sehr schnell und oft wieder getroffen, uns dabei zwar auch über das Thema unseres ersten Gesprächs ausgetauscht, aber sehr schnell weitere interessante Anknüpfungspunkte privater Natur gefunden, die in eine herzliche und vertrauensvolle Freundschaft mündeten.

Was mich besonders an Thomas fasziniert hat und noch immer in besonderem Maße anspricht, ist zum einen sein scharfer Intellekt, komplizierte Sachverhalte schnell zu durchschauen, interdisziplinär zu betrachten und dann in einfachen Worten für die Allgemeinheit verständlich wiederzugeben. Dies gelang ihm nach meiner Auffassung bereits im dem Buch zum Geld- und Finanzsystem außerordentlich gut, weshalb es als Lehrbuch in weiterführenden Schulen zum Standardwerk gehören sollte.

Zum anderen, und dies schätze ich als Eigenschaft sogar noch mehr, ist Thomas extrem empathisch, kann sich in Menschen und Sachverhalte schnell hineinfühlen und helfen, objektiv als verfahren aussehende Konstellationen unter neuen Blickwinkeln zu betrachten und die Beteiligten auf einen gemeinsamen Weg für zielführende Lösungsansätze mitzunehmen, ohne dass sich einer der Beteiligten "überfahren" oder ausgegrenzt fühlt. Dies ist eine Kompetenz, die in allen Bereichen zwischenmenschlicher Kommunikation mehr als wertvoll sein kann.

Bereits frühzeitig hat Thomas mir selbst auch bei persönlichen Fragen und Problemstellungen geholfen und mir verschiedene mögliche Sichtweisen dargelegt, was ich, das gebe ich offen zu, nicht immer als angenehm empfunden habe und widerstandslos akzeptieren wollte. Er erklärte mir, dass diese Vorgehensweise zum Kern des Reframingcoachings (siehe reframingcoaching.de) gehört.

Wir besprachen auch deutlich tiefergehende Herausforderungen, wobei er mir erläuterte, wie die aus dem Reframingcoaching entwickelte ganzheitliche Omniatherapie - Gesundheit & Glück durch Verstehen & Versöhnung (siehe omniatherapie.de) helfen könnte. Er führte in diesem Kontext, ohne Namen o.ä. zu nennen, Fälle auf, die mich sprachlos machten.

Die Trilogie zur Omniatherapie beinhaltet Inhalte, die so gar nicht zusammenzupassen scheinen. Es werden Begriffe erläutert, die für das Verständnis der Herleitung wichtig sein sollen, z.B. Medizinische, physikalische und biologische Hintergründe, Körper-Geist-Seele, Traumata, Was sind denken, fühlen, glauben und vertrauen? Angst, Schuld, Verantwortung, Trauer, Glaubensätze, Wünsche, Schlaf, Liebe, Vergebung, Religion, Glaube, Beten, Karma, systemische Hintergründe, Hypnose, NLP u.v.m.

Das Konzept des Siegersystems (siehe siegersystem.de) hat mich weit mehr interessiert. Es soll tatsächlich möglich sein, mit verschiedenen Techniken und Hilfsmitteln Dinge, die uns im Unterbewusstsein (er spricht immer von Unterbewusstem) blockieren oder Hindernisse bilden und zu konkreten Symptomen führen, z.B. Erfolglosigkeit, aufzulösen? Das fand und finde ich sehr spannend.

Natürlich kann man, so sein Mantra, nicht jeden Menschen zu einem Olympiasieger "machen", aber es soll möglich sein, jedem auf einen Weg zu seinem maximalen Leistungsvermögen zu verhelfen. Auch soll es möglich sein, sogenannte "falsche" Glaubenssätze positiv zu wandeln, um mit seinen Gedanken genau das ins eigene Leben zu ziehen, was man will und nicht das, was man gerade nicht will. Er nennt dieses Neuausrichten des Denkens Gedankenhygiene.

Auf meinen Einwand, dass dann doch jeder alles erreichen können müsste, wurde mir erklärt, dass es nicht auf das Denken alleine ankommt, sondern auf das eigene Glauben und Fühlen. Das, was man glaubt, fühlt und ausstrahlt, also das, was und wie man tatsächlich "ist", zieht man ins eigene Leben. Er spricht hierbei immer vom dem Gesetz der Resonanz oder dem Gesetz der Anziehung.

Wenn man diese einfachen Gesetzmäßigkeiten kennt, weiß man, dass man für alles, was im Leben passiert, selbst verantwortlich ist. Er spricht in dieser Konstellation gerne davon, dass man dann kein Opfer mehr sein "kann", sondern seine Verantwortung für alles annehmen und leben "darf". Er empfiehlt sowieso immer, grundsätzlich in allen Zusammenhängen nur noch von "dürfen" statt von "müssen" zu sprechen.

Das Konzept des Siegersystems bietet für dieses Gedankengerüst einen Weg, diese eigene Verantwortung nicht nur zu erkennen, sondern das Siegersystem führt auch Lösungsmöglichkeiten auf, wie man dieses Wissen zielführend nutzen, also das eigene Denken, Glauben und Fühlen für die eigene Zielerreichung nutzen kann. Dieses Hilfsmittel und die 66 Schritte des Siegersystems nimmt, denke ich, jeder gerne an, der offen für ein neues Denken ist.

Ich muss gestehen, dass dieser Gedankenansatz und dieses Konzept neu für mich waren, aber je öfter ich mit Thomas darüber gesprochen habe, desto mehr leuchtete es mir ein. Inzwischen bin ich ein Freund des Siegersystems und kann jeder Leserin und jedem Leser nur nachdrücklich ans Herz legen, die liebevolle und positive Vorgehensweise, die Thomas hier in 66 Schritten aufführt, auszuprobieren und in das eigene Leben zu integrieren. Aus Gutem kann nur Gutes folgen, meine ich.

Wer dann noch einen Schritt weitergehen möchte, z.B. Spitzensportler und Unternehmensvorstände, sind bei seinem Wirken als "Der Counselor" (siehe der-counselor.de) gut aufgehoben, aber dieses Konzept geht dann noch einen großen

Schritt weiter und beinhaltet ein enges und zielführend fortlaufendes Coaching und Anleiten zur Erreichung von maximalem Erfolg, z.B. bei Sportlern, Vereinen oder Unternehmen.

Ich wünsche allen Leserinnen und Lesern von Herzen das Allerbeste auf ihren unterschiedlichen und ganz persönlichen Wegen und schließe dieses Vorwort mit einem Zitat von Oscar Wilde ab:

"Am Ende wird alles gut! Und wenn es noch nicht gut ist, ist es noch nicht das Ende."

Herzlich Ihr
Thorsten Schulte

Thorsten Schulte ist der Autor des Spiegel-Bestsellers Kontrollverlust. Das Buch erreichte im September 2017 sogar Platz 1 in der Rubrik Sachbücher. Er war von 1999 bis Mitte 2008 im Investmentbanking tätig, darunter bei der Deutschen Zentral-Genossen-schaftsbank und zuletzt im Handelsraum der Deutschen Bank in Frankfurt. Gold und Silber verteidigen für ihn unsere finanzielle Freiheit. Als Vorsitzender des Vereins "Pro Bargeld - Pro Freiheit e.V." kämpft er leidenschaftlich für das Bargeld und damit für unsere Freiheit. Es ist die zunehmende finanzielle Repression und die gefährdete Meinungsfreiheit in unserem Land, die ihn neben schlimmen Erfahrungen im Investmentbanking antreiben. Im ZDF heute-journal sprach er zur Schließung des Goldfensters und noch im April 2017 auf der Bühne der ARD auf der Anlegermesse Invest in Stuttgart über den Rohstoffmarkt. Thorsten Schulte will für wichtige Zeitfragen Augen öffnen und startete 2017 eine YouTube-Reihe. Allein sein Video "Die dunkle Seite der EZB" erzielte binnen kurzer Zeit über 300.000 Aufrufe. Weitere Informationen über Thorsten Schulte und seine Arbeit finden Sie im Internet unter www.silberjunge.de sowie im YouTube-Kanal Silberjunge.

4. Vorwort des Autors

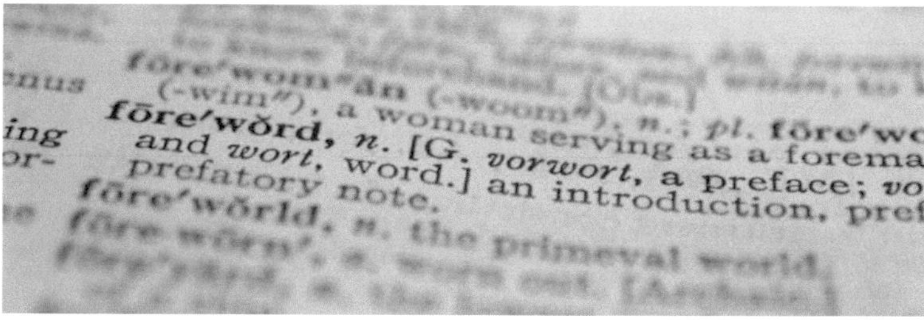

Liebe Leserin, lieber Leser,

die doppelte Anrede nutze ich nur ein einziges Mal, nämlich bei meinem Vorwort. In der Folge nutze ich nur das allgemeine „lieber Leser" oder „man" oder ähnliches, ohne damit die „lieben Leserinnen" benachteiligen zu wollen. Ich halte es nur nicht für übermäßig wichtig, an dieser Stelle die „political correctness" in den Vordergrund zu rücken. Ich spreche alle Menschen an, egal ob Mann, Frau, Hermaphrodit, groß, klein, dick, dünn. Mir ist die politische Gesinnung genauso gleichgültig, wie die Religionszugehörigkeit. Für mich sind, und das meine ich absolut ernst, grundsätzlich alle Mensch gleich, liebenswert und „richtig".

Nachdem ich diesen wichtigen Hinweis in fast jedem meiner Bücher eingangs aufführe, hoffe ich, dass Sie mir, lieber Leser bzw. liebe Leserin, dies glauben. Es ist mir absolut ernst damit, dass ich keinen Menschen wegen seines Geschlechts, seiner Rasse, seiner Hautfarbe, seiner Religion, seiner politischen Überzeugungen oder was auch immer bevorzuge oder bewerte.

Die Idee für das nachfolgende Buch "Siegersystem: Gewinnen ist Bauchsache" ist entstanden, als ich mein Buch "Reframingcoaching: Unterbewusstes bewusst auflösen", sowie die Trilogie "Omniatherapie: Gesundheit & Glück durch Verstehen & Versöhnung" fertiggestellt hatte. Denn fast alles, was für die aufgeführten Bücher relevant war, ist auch für das "Siegersystem" von Bedeutung.

Da ich nicht davon ausgehen kann, dass Sie meine oben aufgeführten Bücher gelesen haben, werde ich Teile davon zitieren und übernehmen, aber passend zum Siegersystem-Konzept ergänzen. Sollten Sie meine o.a. Bücher kennen, können Sie ggfs. Teile eines Kapitels überspringen. Wer die Trilogie "Omniatherapie: Gesundheit & Glück durch Verstehen & Versöhnung" gelesen hat, dem werden ggfs. große Teile bekannt vorkommen. Das macht nichts, durch eine mehrfache Wiederholung vertieft sich das Verständnis.

Nachdem das Buch "Siegersystem: Gewinnen ist Bauchsache" (eigentlich) fertig war und zur Formatierung weitergeleitet werden sollte, sind Menschen in mein Leben getreten, die mich in vielen Punkten inspiriert haben, so dass immer mehr Kapitel ergänzt wurden. Letztendlich wurde das Buch etwas unhandlich, und ich musste zwei Bände daraus machen, nämlich Band 1 für die theoretische Herleitung und Band 2 für die Anwendung und Umsetzung.

Der Vorteil dieser Aufteilung ist, dass Sie, falls Sie die Trilogie zur Omniatherapie gelesen haben, Band 1 überspringen können und nicht kaufen müssen, da Ihnen ein Großteil bekannt vorkommen kann und die Ergänzungen, die für das Siegersystem-Konzept neu hinzugekommen sind, für das Verständnis des Siegersystem-Konzepts nicht dringend notwendig sind, nichtsdestotrotz hilfreich.

Einige Begriffe erläutere ich, indem ich Texte aus wissenschaftlichen Büchern oder aus Wikipedia zitiere. In diesen Fällen sind die entsprechenden Passagen eingerückt, kursiv markiert und mit einer Fußnote gekennzeichnet.

Ich spreche übrigens immer von Bewusstsein und Unterbewusstem und nicht von Bewusstsein und Unterbewusstsein, wie dies viele andere Autoren machen. Hintergrund ist, dass das Unterbewusste kein "sein" hat, sondern in Abgrenzung zum Bewusstsein (Ego) als etwas "Abstraktes" bzw. "Unpersönliches" anzusehen ist.

Ich wünsche Ihnen viel Spaß beim informativen Lesen und freue mich auf Ihre Anregungen und Fragen.

Herzlichst Ihr
Thomas A. M. Windelschmidt

5. Zum Inhalt

5.1. Was finden Sie in diesem Buch?

Können Sie sich vorstellen, dass Sie tatsächlich - wie man es so oft hört - Ihres Glückes Schmied sind und zu 100% verantwortlich für alles, was in Ihrem Leben passiert? Falls Sie sich das nicht vorstellen können oder "wollen", dann empfehle ich Ihnen insbesondere die Trilogie zur Omniatherapie zu lesen. Ich versuche aber, im nachfolgenden Buch die wichtigsten Bestandteile der vorangegangenen Bücher zu erläutern, so dass sich ein schlussiges Bild ergibt.

Der Nachteil dieser "Erkenntnis" ist, dass Sie sich nie wieder als Opfer fühlen und darstellen dürfen, z.B. um Mitgefühl oder sogar Mitleid zu "erhaschen". Der große Vorteil dieses

"Wissens" ist jedoch, dass Sie sich ab sofort der "Herrschaft über Ihr Leben" bewusst sind, alles zielgerichtet selbst beeinflussen können und die Freiheit haben, Ihre Vorstellungen zu manifestieren.

Warum habe ich den Titel "Siegersystem: Gewinnen ist Bauchsache" gewählt? Heißt es nicht immer, dass der Sieg im Kopf entschieden wird? Hört man nicht so häufig, dass Sportler, z.B. Fußballer, Tennis-Spieler u.v.m., verlieren, weil "der Kopf nicht mitgespielt" hat, weil sie "im Kopf blockiert" waren oder weil sie "im Kopf nicht frei" waren?

Nun komme ich daher und behaupte:

- Gewinnen ist Bauchsache!

Ich streiche sogar vorsätzlich die vier Buchstaben "Kopf" und ersetze diese vier Buchstaben durch fünf andere Buchstaben, nämlich "Bauch".

Wenn man davon spricht, dass der "Kopf nicht mitgespielt" hat oder man "im Kopf blockiert" war, meint man damit eine Blockade im bewussten Denken. Man war mit seinem Bewusstsein z.B. abgelenkt und nicht "bei der Sache". Man hat nicht die letzten 1-2% gegeben, sondern nur mit 98%-99% agiert oder gespielt. Diese 1%-2% weniger haben dann dazu geführt, dass man verloren hat, anstatt zu gewinnen oder das zu erreichen, was man angestrebt hat.

Ich behaupte allerdings ganz im Gegenteil, dass über Sieg oder Niederlage nicht im Bewusstsein, sondern im Unterbewusste entschieden wird. Das Unterbewusste steuert das komplette vegetative Nervensystem und ist "Herberge" aller Gefühle und Emotionen. Man spricht auch häufig von Intuition oder Bauchgefühl, wenn man etwas "mit dem Bauch" entscheidet, anstatt mit dem Kopf, also mit der Ratio.

Warum ich diese Behauptung aufstelle und wie man sich auf Sieg "programmieren" kann, erläutere ich im folgenden Buch. Der Inhalt wird weniger theoretisch und insbesondere weniger physikalisch, als meine Trilogie zur Omniatherapie, aber einige Begriffe und Herleitungen muss ich wissenschaftlich untermauern bzw. zumindest erläutern.

Das Siegersystem-Konzept geht aber noch weiter, es ist mehr eine Lebenseinstellung. Im Fokus steht nicht ausschließlich das Gewinnen, sondern sich selbst als Gewinner zu sehen und zu fühlen, das eigene Leben als Gewinn anzusehen und als Geschenk anzunehmen, indem man die positiven und schönen Aspekte in den Mittelpunkt des eigenen Denkens und Fühlens rückt. Und zwar immer, ganz unabhängig von bisher als negativ angesehenen Begleiterscheinungen.

Die Ergebnisse meiner Untersuchungen und die Entwicklung der technischen "Werkzeuge" sind absolut phantastisch. Meine Tätigkeit als Siegersystem-Coach/Trainer macht mir unglaublich viel Spaß. Allerdings werde ich auf keinen Fall irgendwelche Details, geschweige denn Namen von gecoachten Personen preisgeben. Ganz im Gegenteil ist eine Verschwiegenheitserklärung das erste, was bei einer Beauftragung von beiden Seiten unterzeichnet werden muss, also sowohl von mir, als auch von dem zu coachenden Auftraggeber.

Bei Interesse an einem Siegersystem-Coaching empfehle ich Ihnen einen Besuch der Seite siegersystem.de und eine direkte Kontaktaufnahme.

5.2. Die ersten Schritte

Zu Beginn dieses Buches möchte ich darauf eingehen, wie ich die ersten Schritte zum Erfolgskonzept "Siegersystem" gemacht habe.

Wie wahrscheinlich sehr viele Menschen habe ich mich schon (fast) immer gefragt, warum einige Menschen erfolgreich sind und den Erfolg anziehen und andere Menschen von einem Misserfolg zum nächsten "humpeln". Warum scheint bei dem einen das Glück geradezu in den Schoß zu fallen, bei dem anderen scheint aber auch gar nichts zu klappen? Warum schreibt der eine ohne große Lernaktivitäten überwiegend gute Noten, der andere fällt jedoch bei Prüfungen durch, egal wie viel er lernt? Warum gibt es Vereine, die regelmäßig Titel gewinnen, andere "versagen" aber immer wieder kurz vor einem möglichen Erfolg?

Haben Erfolg und Misserfolg etwas mit Geld zu tun? Oder muss man intelligent und womöglich gebildet sein, um Erfolg haben zu können? Oder steht die Intelligenz einem Erfolg sogar im Weg? Was unterscheidet erfolgreiche Siegertypen von den wiederholt auf der "Schattenseite" Stehenden, egal wie sehr sich diese auch anstrengen?

Im Laufe der Zeit habe ich "unendlich" viele Bücher gelesen, aber "besser" ist es nicht geworden. Ich habe zwar immer alles erreicht, was ich wollte, z.B. Abitur, Studium, Dissertation, Unternehmenserfolg, aber das ganz große Los, das ich für mich angestrebt hatte, war lange nicht in Sicht. Dazu kamen immer wieder "gefühlte" Rückschläge, bei denen ich viel Geld "verloren" habe.

Bücher von Dale Carnegie, Napoleon Hill, Jack Canfield, Tony Robbins, Rhonda Byrne, Barbara Mohr und viele mehr habe ich geradezu verschlungen. Trotzdem wies mich meine Frau ab und zu mit folgenden Worten auf mein "altes Verhalten" hin:

- "Du liest so viele schlaue Bücher. Warum hältst Du Dich nicht daran? Warum setzt Du es nicht um?"

Was sollte ich darauf antworten? Sie hatte recht. Ich habe unendlich viele schlaue Bücher gelesen, aber "gebracht" hat es nicht viel. Nur warum nicht?

Irgendwann habe ich mich verstärkt mit Themen aus dem Bereich der Psychologie beschäftigt. Mit den Gesetzen des Universums, mit dem Gesetz der Anziehung, mit dem Gesetz der Resonanz, mit dem Gesetz des Glaubens und Vertrauens und vielem mehr, dazu mit allen Themen rund um das

Bewusstsein, dem Unterbewusste, dem Glauben, dem Danken und so weiter. Die Ergebnisse mündeten in das Konzept der Omniatherapie, womit vielen Menschen geholfen werden konnte.

Ein "Nebeneffekt" war, dass ich durch Selbstversuche gemerkt habe, dass sich irgendetwas veränderte. Ich hielt dies nie für Zufall, denn an Zufälle glaube ich nicht. Ich hielt dies von Beginn an für das Ergebnis eines veränderten Denkens, wobei ich anfänglich nicht abschätzen konnte, ob dies alles "nachhaltig", also von Dauer sein würde.

Je länger ich mich jedoch "disziplinierte" und sehr bewusst eine fortwährende Gedankenhygiene "übte", desto auffälliger wurden die Ergebnisse und Erfolge. Es traten Menschen in mein Leben, die genau zu meinen "Gedanken" passten. Es ergaben sich Möglichkeiten, die ich zuvor nicht ansatzweise für realistisch erachtet hatte. Ich "durfte" mich so oft bedanken, wie noch nie zuvor in meinem Leben, und zwar bei "demjenigen", "der" dies alles ermöglicht hat, nämlich unserem "Schöpfer" oder wie Sie "das Unfassbare", "das Eine", nennen mögen.

Was ich als besonders spannend empfunden habe, was mich geradezu begeistert hat, war die Erfahrung, dass ich Menschen, die ich von meinem Weg und meinen Ergebnissen überzeugen konnte, ähnliche Erlebnisse hatten, zumindest solange sie sich an meine empfohlene "Neuausrichtung ihrer Gedanken" gehalten haben.

Eine nachhaltige Gedankenhygiene, wie ich das nenne, war bei einer kontinuierlichen Begleitung durch mich, insbesondere mit Unterstützung durch einige technische Hilfsmittel möglich. Mit einmal schien alles "irgendwie leichter" zu fallen und zu gehen.

Diese ersten Erfolge führten dazu, dass ich mich intensiv mit allen "Bausteinen" beschäftigt habe. Mit physikalischen und biologischen Hintergründen, mit Affirmationen und Suggestionen, mit Hypnose und Trance und vielem mehr. Daraus entwickelte sich letztendlich die Omniatherapie und in der Folge das Siegersystem.

Im folgenden Buch gehe ich nicht auf alle Bereiche ein, mit denen ich mich beschäftigt habe. So lasse ich z.B. den physikalischen Teil außen vor, den biologischen Teil führe ich jedoch auf. Auch andere Bereiche, die unabdingbar wichtig für das Verständnis und die Herleitung des Siegersystems sind, führe ich auf, selbst obwohl ich mich evtl. wiederhole. Aber auch eine Wiederholung von bereits Gelesenem kann extrem sinnvoll sein.

Ähnlich wie ich bei allen Betrachtungen von einer Trinität ausgehe, empfehle ich immer, jedes Buch drei Mal zu lesen. Mit jedem Lesen verfestigt sich das Gelesene, nach dem dritten Mal hat man das Wichtigste verinnerlicht.

5.3. Sie brauchen niemanden, um Ihren Weg zu gehen

Ein Punkt ist mir sehr wichtig, deshalb wiederhole ich ihn gerne:

- Sie brauchen niemanden, um Ihren Weg zu gehen!

Sie brauchen keinen Lehrer oder Guru, keine schlauen Bücher oder Videofilme auf Youtube. Sie brauchen weder Menschen, noch irgendwelche Anleitungen. Alles, wirklich alles, ist in Ihnen verwurzelt, Sie müssen nur bereit sein, auf Ihr Inneres zu hören und Ihren Weg zu gehen.

Ich möchte diesen Punkt vor allem so deutlich herausstellen, weil ich zutiefst davon überzeugt bin, dass jeder Mensch seinen eigenen Weg gehen kann. Jeder Weg ist so individuell, wie es die Menschen auch sind. Ich meine sogar, dass jeder Mensch seinen eigenen Weg gehen "muss" und nicht hinter irgendwelchen Propheten herlaufen sollte. Ein Prophet bin ich ganz sicher nicht, lediglich ein Mensch, der Erfahrungen sammeln durfte und diese gerne mit Ihnen teilen möchte. Wenn Sie einige Gedanken, die ich im folgenden Buch aufführe, zum Anlass nehmen könnten, Ihren Weg zu beschreiten, würde mich dies sehr freuen. Ich wünsche Ihnen von Herzen das Allerbeste auf Ihren nächsten Schritten.

Fangen wir nun an mit den physikalischen Hintergründen zur Entwicklung des Siegersystems ...

6. Physikalische Hintergründe

6.1. Warum dieses Kapitel?

Nach der (eigentlichen) Fertigstellung des Buches "Siegersystem: Gewinnen ist Bauchsache" habe ich mit Herrn Michael F. B. Bellersen telefoniert, der durch das Buch "Ihr Erfolg mit Affirmationen" bekannt wurde. Dabei sind wir über viele Gemeinsamkeiten, nicht nur, dass wir beide Physik studiert haben, gestolpert, was die Wirkungsweise des LOA (Law of Attraction = Gesetz der Anziehung) wieder einmal bestätigt hat. Die Telefonate waren, glauben Sie mir, sehr spannend.

In diesen Gesprächen kamen wir u.a. auf die physikalischen Hintergründe des Siegersystem-Konzepts zu sprechen. Ich fragte mich, warum ich dieses Kapitel, das in Band 1 zur Omniatherapie bereits behandelt wurde, außen vorgelassen hatte. Ein Grund war, dass ich dieses Buch zum Siegersystem-Konzept nicht mit wissenschaftlichen Hintergründen überfrachten wollte.

Nach den Gesprächen mit Herrn Bellersen habe ich es mir anders überlegt und nehme nun dieses Kapitel in dieses Buch mit auf. Der Nachteil ist allerdings, dass ich nun das Buch, das ursprünglich als ein Band angedacht war, in zwei Teile splitten muss, damit der das Buch nicht zu umfangreich und unübersichtlich wird.

Nun finden Sie also im Folgenden einige physikalische Themen, die den Hintergrund des Siegersystem-Konzepts erläutern. Sollte der wissenschaftliche Inhalt für Sie etwas zu abstrakt sein, übergehen Sie dieses Kapitel gerne. Das Wissen um die physikalischen Zusammenhänge ist nicht entscheidend.

Fangen wir an mit einer sehr "leicht" (nicht ernst gemeint!) zu beantwortenden Frage, nämlich:

6.2. Was ist Zeit?

Diese Frage zu beantworten, ist tatsächlich alles andere als leicht. Betrachten wir zuerst eine „normale" Erläuterung:

Die Zeit ist eine physikalische Größenart. Das Formelzeichen der Zeit ist t, ihre SI-Einheit ist die Sekunde s.

Die Zeit beschreibt die Abfolge von Ereignissen, hat also im Gegensatz zu anderen physikalischen Größen eine eindeutige, unumkehrbare Richtung.

Mit Hilfe der physikalischen Prinzipien der Thermodynamik kann diese Richtung als Zunahme der Entropie, d.h. der Unordnung in einem abgeschlossenen System bestimmt werden.

Aus einer philosophischen Perspektive beschreibt die Zeit das Fortschreiten der Gegenwart von der Vergangenheit kommend und zur Zukunft hinführend.

Nach der Relativitätstheorie bildet die Zeit mit dem Raum eine vierdimensionale Raumzeit, in der die Zeit die Rolle einer Dimension einnimmt. Dabei ist der Begriff der Gegenwart nur in einem einzigen Punkt definierbar, während andere Punkte der Raumzeit, die weder in der Vergangenheit noch der Zukunft dieses Punkts liegen, als „raumartig getrennt" von diesem Punkt bezeichnet werden.

Im SI-Einheitensystem ist die Zeit eine von mehreren Basisgrößen, aus denen weitere Größen aufgebaut werden können.

Die bürgerliche Zeit (UT, MEZ usw.) richtet sich annähernd nach dem Sonnenstand und ist durch staatliche

> Regelungen innerhalb einer gewissen Zeitzone einheitlich.
>
> In der Philosophie fragt man seit jeher nach dem Wesen der Zeit, was auch Themen der Weltanschauung berührt.
>
> Für die physikalischen, die Bio- und Humanwissenschaften ist die Zeit ein zentraler, auch messtechnisch erfassbarer Parameter, u.a. bei allen bewegten Körpern (Dynamik, Entwicklung), in der Chronobiologie oder der Zeitsoziologie.
>
> Die Psychologie untersucht die Zeitwahrnehmung und das Zeitgefühl. Die
>
> betrachtet Zeit auch als Wertgegenstand. In den Sprachwissenschaften bedeutet „Zeit" die grammatische Form der Zeitwörter, das Tempus.[1]

Tatsächlich hilft diese Erklärung, was Zeit ist, nicht wirklich weiter, um die Natur der Zeit wirklich zu verstehen. Zeit bleibt ein Mysterium. Warum kann man nach links und rechts, oben und unten, vor und zurück gehen, aber nicht in die Zukunft oder die Vergangenheit. Man steckt immer in der Gegenwart fest. Zumindest ist mir bisher keine physische Zeitreise gelungen. Ich schränke dies mit Absicht auf die „physische Ebene" ein. Dazu später mehr.

[1] https://de.wikipedia.org/wiki/Zeit

Die Herausforderung des Lebens besteht somit u.a. darin, dass man sein Leben ausschließlich in die Zukunft (nach vorne) ausrichten kann, aber eine Bewertung nur im Rückblick möglich ist, solange keine „echten" Zeitreisen möglich sind.

6.2.1. Ist Zeit eine Illusion?

Schauen wir uns die weitere Erklärung des Begriffs „Zeit" an:

> Die wohl markanteste Eigenschaft der Zeit ist der Umstand, dass es stets eine in gewissem Sinne aktuelle und ausgezeichnete Stelle zu geben scheint, die wir die Gegenwart nennen, und die sich unaufhaltsam von der Vergangenheit in Richtung Zukunft zu bewegen scheint. Dieses Phänomen wird auch als das Fließen der Zeit bezeichnet. Dieses Fließen entzieht sich jedoch einer naturwissenschaftlichen Betrachtung, wie im Folgenden dargelegt wird. Auch die Geisteswissenschaften können die Frage nicht eindeutig klären.
>
> Der Unterschied bzw. Nicht-Unterschied zwischen Raum und Zeit ist der Hauptgegenstand der Relativitätstheorien Albert Einsteins:
>
> Die Zeit dient in der Physik in analoger Weise zur Beschreibung des Geschehens wie der Raum. Die Physik besagt lediglich, dass unter allen denkbaren Strukturen im dreidimensionalen Raum in Kombination mit al-

len dazu denkbaren zeitlichen Abläufen nur solche beobachtet werden, die den physikalischen Gesetzen gehorchen. Dabei könnte es sich ebenso gut um unbewegliche Strukturen in einem vierdimensionalen Raum handeln, die durch die physikalischen Gesetze bestimmten geometrischen Bedingungen unterworfen sind.

Nach Newton ist dabei die Struktur der Raumzeit vorgegeben, wobei die Zeit absolute Bedeutung hat; nach Albert Einstein gilt eine spezielle „Relativität der Gleichzeitigkeit".

Etwas, das man als Fließen der Zeit interpretieren könnte, kommt in der Physik nur durch wahrscheinlichkeitstheoretische Begriffe vor, die mit dem Begriff der Entropie zusammenhängen (siehe unten), obwohl die Begriffe Vergangenheit, Gegenwart und Zukunft in den Einsteinschen Theorien mathematisch-präzise sind und messbare Bedeutung haben. Bei genauer Betrachtung erweist es sich aber zunächst als völlig unklar, wie ein Fließen der Zeit in der Sprache der Physik oder Mathematik oder irgendeiner anderen Wissenschaft präzise beschrieben werden könnte.

So ist beispielsweise die Aussage, dass die Zeit fließe, nur dann sinnvoll, wenn eine davon unterscheidbare Alternative denkbar ist. Die naheliegende Alternative der Vorstellung einer stehenden Zeit, beispielsweise, führt jedoch zu einem Widerspruch, da sie nur aus der Sicht eines Beobachters denkbar ist, für den die Zeit weiterhin verstreicht, sodass der angenommene Stillstand als solcher überhaupt wahrnehmbar ist (siehe auch Kritik der reinen Vernunft von Immanuel Kant): Könnte man die Zeit anhalten, für wie lange „stünde" dann die Zeit?

Das scheinbare Fließen der Zeit wird daher von vielen Physikern und Philosophen als ein subjektives Phänomen oder gar als Illusion angesehen. Man nimmt an, dass es sehr eng mit dem Phänomen des Bewusstseins verknüpft ist, das ebenso wie dieses sich einer physikalischen Beschreibung oder gar Erklärung entzieht und zu den großen Rätseln der Naturwissenschaft und Philosophie zählt. Damit wäre unsere Erfahrung von Zeit vergleichbar mit den Qualia in der Philosophie des Bewusstseins und hätte folglich mit der Realität primär ebenso wenig zu tun wie der phänomenale Bewusstseinsinhalt bei der Wahrnehmung der Farbe Blau mit der zugehörigen Wellenlänge des Lichts.

Hinfällig wäre damit unsere intuitive Vorstellung, es gäbe eine von der eigenen Person unabhängige Instanz nach Art einer kosmischen Uhr, die bestimmt, welchen Zeitpunkt wir alle im Moment gemeinsam erleben, und die damit die Gegenwart zu einem objektiven uns alle verbindenden Jetzt macht.[2]

[2] https://de.wikipedia.org/wiki/Zeit

Das Ergebnis dieser Betrachtung ist:

- „Das Hier und Jetzt ist ewig, das Morgen nur eine Illusion. Zeit ist irreal."

Wenn Zeit tatsächlich „irreal" ist und nur in unserer dreidimensionalen physischen Welt „existiert", dann lohnt es sich, darüber nachzudenken, Zeit als „beschränktes Konzept" anzusehen, das man von einer höheren Ebene aus (siehe Burkhard Heims 12-dimensionale einheitliche Feldtheorie) völlig anders interpretieren kann.

Zur Verdeutlichung stellen Sie sich bitte ein Blatt Papier vor. Für die zweidimensionalen „Wesen", die in diesem Blatt leben, ist völlig klar, dass es nur zwei Dimensionen geben kann, nämlich nach links/rechts, sowie oben/unten. Eine Bewegung kann vom linken Rand des Blattes zum rechten Rand nur über einen Weg gelingen. Je nach Geschwindigkeit dauert es „seine Zeit". Für einen Betrachter, dem die dritte Dimension zur Verfügung steht, stehen jedoch andere Wege zur Verfügung, z.B. durch das Zusammenfalten des Blattes, so dass der Weg von links nach rechts praktisch keine Zeit beansprucht.

Dieses einfache und sehr bekannte Modell übertragen Sie bitte auf unsere tägliche Wahrnehmung. Sind Sie sicher, dass es nur drei Raumdimensionen plus eine Zeitdimension gibt, wobei letztere sogar in der Richtung beschränkt ist? Was ist, wenn es einen Weg geben würde, höhere Dimensionen für eine Reise nutzbar zu machen, so dass man „unsere Zeit" gar nicht mehr benötigt bzw. wahrnimmt?

Ich habe diese Überlegungen aufgeführt, weil ich davon überzeugt bin, dass es Möglichkeiten gibt, diese Gedanken in die Tat umzusetzen. Wir wissen heute nur noch nicht, wie dies denkbar sein könnte. Es gibt aber wissenschaftliche Belege dafür, dass Informationen mit Überlichtgeschwindigkeit übertragen werden, siehe Verschränkungen. Darauf komme ich noch. Und wenn es möglich ist, Informationen zeitgleich über jede Entfernung zu übertragen, dann muss es nach meiner Einschätzung als Physiker „Übertragungswege" geben, die wir mit unserem vierdimensionalen Weltbild noch nicht darstellen, geschweige denn nutzen, können. Aber vor 300 Jahren gab es weder Strom, noch Motoren oder Funk, vor 100 Jahren gab es keine PCs, Handys, Faxgeräte oder Fernseher. Wer weiß, welche technischen Möglichkeiten es in hundert oder in tausend Jahren geben wird.

6.3. Raum und Zeit für das geistige Prinzip

Einige wichtige Prinzipien für das geistige Prinzip:

- Gedanken beeinflussen Materie. Die Zeit und die Entfernung sind irrelevant.
- Das geistige Prinzip kennt weder Raum noch Zeit.
- Die Zeit stellt keine Beschränkung dar, auch nicht rückwirkend in die Vergangenheit.
- Statt Materie oder Energie wird „nur" eine Information übertragen.

- Um eine Wirkung zu erzielen, ist kein „bewusstes" Denken nötig.
- Gott findet man nicht im Außen, sondern im Innern. Es ist auch kein Vermittler nötig.
- Wenn Raum und Zeit relativ sind, dann ist auch jederzeit Heilung möglich.

6.4. Was ist Lokalität?

Dieser Punkt ist sehr wichtig. Darum zitiere ich ausführlich, was man unter Lokalität und Nicht-Lokalität versteht:

> Lokalität ist in der Physik die Eigenschaft einer Theorie, dass Vorgänge nur unmittelbare Auswirkungen auf ihre direkte räumliche Umgebung haben. Nichtlokalität lässt auch zu, Effekte mit Fernwirkungen vorherzusagen. Bei Nichtlokalität bzw. Lokalität geht es prinzipiell um die Frage, ob oder unter welchen Bedingungen ein Ereignis ein anderes Ereignis beeinflussen kann. (Unter Ereignis versteht man in der Physik einen beliebigen physikalischen Vorgang, der zu einer bestimmten Zeit an einem bestimmten Ort stattfindet.) Die Beantwortung dieser Frage fällt in den unten ausgeführten physikalischen Theorien jeweils unterschiedlich aus.
>
> In der klassischen Physik bzw. der newtonschen Mechanik wird diese Fragestellung (nämlich wann welche

Ereignisse sich beeinflussen können) nicht explizit untersucht, jedoch ergibt sich als direkte Folge der newtonschen Grundannahmen (absolute Zeit, absoluter Raum usw.), dass prinzipiell jedes Ereignis jedes andere beeinflussen kann. Mit anderen Worten, es sind beliebige Fernwirkungen möglich.

Typisches Beispiel ist das (veraltete) klassisch-newtonsche Konzept der Gravitation, in dem sie beliebig fern und instantan wirkt.

In der Speziellen Relativitätstheorie Einsteins wurden die newtonschen Begriffe von Raum und Zeit modifiziert, so dass eine Neubeantwortung der obigen Fragestellung interessant wurde. Dabei hat sich gezeigt, dass es Ereignisse gibt, die sich prinzipiell nicht beeinflussen können. Das sind z.B. Paare von Ereignissen, die sich nicht durch einen Lichtstrahl verbinden lassen, denn in der Speziellen Relativitätstheorie wird die Lichtgeschwindigkeit als oberste Grenzgeschwindigkeit angesehen.

Beispiel: Ein Ereignis A, hier und jetzt auf der Erde, und ein Ereignis B, welches ein Jahr später auf Alpha Centauri stattfindet, können nicht durch einen Lichtstrahl verbunden sein, da Alpha Centauri vier Lichtjahre entfernt liegt und der Lichtstrahl nach einem Jahr Alpha Centauri noch nicht erreicht hat. Da ein Einfluss – gleich welcher Art – nicht schneller als Licht sein kann, können sich A und B auch nicht gegenseitig beeinflussen. Physiker sprechen hierbei von einer raumartigen Trennung der Ereignisse A und B. Man sagt auch, dass das Ereignis B für das Ereignis A nichtlokal ist.

Es ist eine fundamentale Aussage der (Speziellen) Relativitätstheorie, dass die Kausalität, also die strenge Abfolge von Ursache und Wirkung, nur dann erhalten bleibt, wenn sich die Ereignisse A und B nicht gegenseitig beeinflussen können. Da man die Kausalität nicht aufgeben möchte, akzeptiert man eher das Vorhandensein von Ereignissen, die sich nicht beeinflussen können. Man formuliert daher in der Speziellen Relativitätstheorie das Prinzip der Lokalität: Nur lokale Ereignisse können einen physikalischen Vorgang beeinflussen. In dieser Bedeutung gilt das Prinzip auch in relativistischen Quantenfeldtheorien.

In der Kopenhagener Deutung der (nichtrelativistischen!) Quantenmechanik sieht die Situation wieder anders aus. Da bei der Entwicklung der Quantentheorie (obwohl später entstanden) die Relativitätstheorie nicht beachtet wurde, sondern die Quantentheorie gänzlich aus nicht-relativistischen Prinzipien aufgebaut wurde, kann es nicht verwundern, dass das Prinzip der Lokalität hier nicht gilt.

Grundsätzlich besagt die Quantenmechanik, dass für die Verteilung der Ergebnisse einer Messung bestimmter physikalischer Größen ("Messwerte") lediglich Wahrscheinlichkeiten angegeben werden können.

Ein typisches Beispiel ist die Aufenthaltswahrscheinlichkeitsverteilung eines Elektrons im Atom, im Atomorbital. Sie ist nirgends null, weder sehr nah am Atomkern, noch in einer Entfernung von Lichtjahren (obgleich dort sehr niedrig bzw. fast null). Diese Aufenthalts-Wahrscheinlichkeitsverteilung wird durch das Betragsquadrat der Amplitude der Wellenfunktion beschrieben. Im Augenblick einer wirklichen Messung („Wo ist das Elektron jetzt?") kollabiert die Wellenfunktion: Am Ort des Elektrons wird sie eins, überall sonst null.

Die Frage, auf die die Quantenmechanik nur implizit eine Antwort gibt, ist, ob dieser Kollaps der Wellenfunktion instantan (augenblicklich) erfolgt oder sich "nur" mit Lichtgeschwindigkeit fortpflanzt. Mit anderen Worten: Wenn eine Ortsmessung eines Elektrons auf der Erde erfolgt, wie schnell ändert die Wellenfunktion ihren Wert auf null auf Alpha Centauri? Sofort oder erst in vier Jahren? Die implizite Antwort der Quantentheorie heißt: Der Kollaps der Wellenfunktion erfolgt instantan, ist also nichtlokal (impliziert daher Fernwirkungen). Genau diesen Umstand bezeichnet man als Quanten-Nichtlokalität.

Diese sehr theoretischen Ausführungen kann man jedoch bereits mit so genannten verschränkten Paaren praktisch nachspielen, wo eine quantenmechanische Messung an einem Ort einen Kollaps der Wellenfunktion an einem anderen Ort nach sich zieht. Dabei zeigt sich, dass zwar der Kollaps der Wellenfunktion instantan erfolgt, jedoch keine echten Informationen übertragen werden können, sodass die Einstein-Kausalität dennoch erhalten bleibt.

Diese Ergebnisse entsprechen der Kopenhagener Interpretation der Quantenmechanik, die der Wellenfunktion keine unmittelbare physikalische Realität zuschreibt, sondern nur den Messergebnissen. Der "Kollaps" der Wellenfunktion ist daher kein messbares Phänomen, das heißt: kein physikalisches Phänomen, das mit Lichtgeschwindigkeit "übertragen" werden müsste. Unser Wissen über die realisierte Möglichkeit des Messprozesses an einem Teil des verschränkten Paares schließt lediglich bestimmte Messergebnisse an dem anderen Teil aus. Welche Messergebnisse ausgeschlossen sind, weiß man jedoch nur, wenn man das erste Messergebnis kennt. Diese Information muss klassisch, also unter Berücksichtigung von Lokalität, übertragen werden.

Allerdings bietet diese sogenannte Quantenteleportation die Möglichkeit einer besonders sicheren Verschlüsselung: Wenn Sender und Empfänger jeweils einen Teil eines verschränkten Paares besitzen, so können sie einander verschlüsselte Botschaften zusenden, die prinzipiell von dritten nicht unbemerkt abgehört werden könnten (Quantenkryptografie). Allerdings gilt das nur für den Fall, dass der "Lauscher" einen klassischen Messvorgang bei der Bestimmung des Quantenzustands eines abgefangenen Teilchens verwendet.

Einer Gruppe von US-Wissenschaftlern des Massachusetts Institute of Technology gelang es im November 2006 in einer nach dem BB84-Protokoll verschlüsselten Nachricht bis zu 40% der Übertragung unbemerkt abzuhören – allerdings in einer Simulation und unter Laborbedingungen. Die Resultate des Experimentes wurden am 25. April 2007 in der Fachzeitschrift Physical Review A veröffentlicht.[3]

Der Punkt „Nichtlokalität" ist für das Konzept des Siegersystems sehr wichtig.

6.5. Synchronizität

Was versteht man unter Synchronizität?

Als Synchronizität (altgriechisch σύν syn ‚mit', ‚gemeinsam' und χρόνος chronos ‚Zeit') bezeichnete der Psychologe Carl Gustav Jung zeitlich korrelierende Ereignisse, die nicht über eine Kausalbeziehung verknüpft sind (die also akausal sind), jedoch als miteinander verbunden, aufeinander bezogen wahrgenommen und gedeutet werden.

[3] https://de.wikipedia.org/wiki/Lokalit%C3%A4t_(Physik)

Es handelt sich bei der Synchronizität um ein inneres Ereignis (eine lebhafte, aufrührende Idee, einen Traum, eine Vision oder Emotion) und ein äußeres, physisches Ereignis, welches eine (körperlich) manifestierte Spiegelung des inneren (seelischen) Zustandes bzw. dessen Entsprechung darstellt. Um das Doppelereignis tatsächlich als Synchronizität definieren zu können, ist es unerlässlich, dass das innere chronologisch vor oder aber genau gleichzeitig („synchron") mit dem äußeren Ereignis geschehen ist. Andernfalls könnte angenommen werden, dass das innere Phänomen auf das äußerlich wahrgenommene vorherige Ereignis reagiert (womit wieder eine quasi kausale Erklärung möglich wäre.

Das Prinzip der Synchronizität veranschaulicht Jung in einer Quaternio, einem Kreuz aus zwei sich jeweils polar ergänzenden Begriffspaaren, die sich diametral ergänzen und somit ähnlich aufzufassen sind wie etwa das Begriffspaar Welle/Teilchen beim Übergang von der klassischen Physik zur Quantentheorie.

Unzerstörbare Energie

Konstanter Zusammenhang durch Wirkung = Kausalität	+	Konstanter Zusammenhang durch Kontingenz = Synchronizität

Raum-Zeit-Kontinuum

Mit „unzerstörbare Energie" wird hier die Größe bezeichnet, die bei allen physikalischen Prozessen konstant bleibt, also auch bei der Umwandlung von Energie in Masse und umgekehrt. Ihre durch alle ablaufenden physischen Prozesse sich ständig ändernde Erscheinungsform wird quasi als Tanz aufgefasst, der sich als Evolution auf der Bühne des Raum-Zeit-Kontinuums entfaltet.

Jung bestreitet nicht, dass jedes der beteiligten Ereignisse in seiner eigenen Kausalkette steht. Deshalb stellt die Synchronizität nicht das Kausalprinzip in Frage, sondern erweitert es linear bis zum rein akausalen Gegenpol: Die Dinge sind in ihrer Entwicklung sinnhaft aufeinander bezogen und „so angeordnet, wie sie sind" (acausal orderedness).[4]

Zwei einfache Beispiele für Synchronizität sind:

- Sie denken gerade in Ihrer Wohnung über Ihren letzten Urlaub auf Mallorca nach. Sie sitzen gedanklich am Strand, schauen auf's Wasser, genießen die Sonne. Während Sie so über Ihren Urlaub sinnieren, fährt ein Bus mit Werbung für den nächsten Urlaub auf Mallorca vorbei. Abgebildet ist „Ihr" Strand, dazu das Mittelmeer im Sonnenschein.

- Sie diskutieren mit ein paar Freunden über Fußball, ein immer wieder beliebtes Thema, über das man trefflich

4 https://de.wikipedia.org/wiki/Synchronizit%C3%A4t

„streiten" kann. Sie sprechen über Möglichkeiten, die Mannschaft zu verstärken, anders auf- oder einzustellen. Während Sie immer eifriger Argumente austauschen, hören Sie im Radio, dass Ihr Verein zwei neue Spieler verpflichtet und das Spielsystem umgestellt hat.

Die Synchronizität von Ereignissen wird üblicherweise mit den Worten „Das ist aber ein Zufall" beschrieben, da es keinen kausalen Zusammenhang gibt oder zu geben scheint. Jeder hat dies aber schon erlebt.

6.6. Schrödingers Katze

„Schrödingers Katze" ist eines der beliebtesten quantentheoretischen Gedankenmodelle überhaupt und weltbekannt. Für jemanden, der mit Physik oder besser mit der Quantentheorie noch nicht viel zu tun hatte, erscheint das Modell weit hergeholt zu sein, aber tatsächlich ist auch die Quantentheorie weit weniger einsichtig, als dies viele „glauben".

Heutzutage wird fast alles, dem der Anstrich der „Unerklärbarkeit" (noch) anhaftet, mit „Die Quantentheorie beweist" oder „Die Quantentheorie erklärt" gedeutet. Als Physiker muss ich an dieser Stelle einmal sehr deutlich sagen: „Das Meiste davon ist Quatsch.". Nur weil man etwas (noch) nicht erklären kann, ist nicht immer die Quantentheorie der Schlüssel zum Ziel. Umgekehrt sollte man auch nicht gleich die Quantentheorie „vorschieben", um etwas nicht erklären zu müssen oder sogar als wissenschaftlichen Fakt zu deklarieren.

Nun zu „Schrödingers Katze":

Noch vor dem zweiten Weltkrieg, nämlich im Jahr 1935, publizierte der Physiker Erwin Schrödinger ein Gedankenexperiment, das bis heute an seiner Faszination nichts verloren hat.

Dabei ging es Erwin Schrödinger darum, das Konzept von quantenmechanischen Teilchen bzw. Begriffen auf eine lebensnahe Situation zu übertragen, um die „Idee der Quantenmechanik" zu erläutern und das „Verrückte" begreiflicher zu machen.

Ausgangspunkt des Gedankenexperiments ist eine Katze in einer verschlossenen und blickdichten Kiste. In dieser Kiste befindet sich außerdem eine radioaktive Substanz, bei der die Wahrscheinlichkeit, dass eines der radioaktiven Atome innerhalb einer Stunde zerfällt oder nicht, gleich groß ist.

In der Kiste befinden sich weiterhin ein Atomzerfallsempfänger, ein Hammer und ein Gefäß mit einer für die Katze giftigen Substanz.

Falls ein Atom seinen Zustand ändert, also zerfällt, registriert der Empfänger den Zerfall, was den Hammer auslöst und die giftige Substanz freisetzt, die den Tod der Katze verursacht.

Während die Kiste verschlossen ist, kann man von außen nicht erkennen, ob die Katze noch lebt oder bereits tot ist. Mögliche Kratzgeräusche o.ä, die auf einen positiven Gesundheitszustand der Katze schließen lassen könnten, lassen wir außen vor.

Dementsprechend kann man von außen auch nicht erkennen, ob das Atom nach einer Stunde zerfallen ist oder nicht, die Wahrscheinlichkeit für die beiden Zustände ist gleich hoch. In der Quantenmechanik spricht man hierbei von einem „überlagerten Zustand". Solange man nicht in die Kiste hineinschaut, „lebt" in Katze sozusagen in einem „Zwischenzustand", nämlich halblebendig und halbtot, was umgangssprachlich das gleiche ist. Die Katze ist „quantenmechanisch betrachtet" zu 50% lebendig und zu 50% tot. Man nennt dies eine „Superposition" der beiden möglichen „Zustände".

Die Quantenmechanik postuliert nun, dass der Zustand der Katze erst dann festgelegt wird/ist, wenn das innere Komplettsystem mit dem äußeren System (Umwelt) wechselwirkt, indem eine Messung durchgeführt wird. Ohne Messung verbleibt die Katze im Gedankengebäude der Quantenmechanik in ihrer Superposition, nach einer Messung ist der Zustand festgelegt, nämlich die Katze ist entweder lebendig oder tot, ein Mittelding gibt es nicht.

Das Bild, das dieses Gedankenexperiment verdeutlichen möchte, ist, dass es in der Quantenmechanik „nicht festgelegte Zustände" gibt, die erst durch eine Interaktion mit der Außenwelt zu einer Festlegung führen. Im makroskopischen Bereich gibt es solche Zwischenstände jedoch nicht. Eine Katze ist entweder lebendig oder tot, eine Superposition als Zwischenzustand „halb-lebendig-halb-tot" ist mir zumindest bisher nicht bekannt geworden.

Weil man diese quantenmechanischen Theorien nicht ins Alltagsleben übertragen kann, wie dieses einfache Beispiel zeigt, ist es alles andere als leicht, die Quantentheorie als Konzept zu durchschauen.

Im Bereich kleinster Abmessungen führt die Quantenmechanik zu im Makroskopischen nicht erlebten Beschreibungen, z.B. können Photonen (Lichtteilchen) oder Elektronen gleichzeitig mehrere Zustände einnehmen bzw. man kann sie zumindest mit mehreren Zustandsbeschreibungen belegen.

Ein berühmtes Beispiel hierfür ist das Doppelspaltexperiment, bei dem ein Lichtteilchen entweder den Weg durch den linken oder rechten Spalt einer ansonsten undurchsichtigen Fläche nehmen kann. Das Ergebnis, welcher Spalt genommen wird, ist dabei abhängig davon, ob man den Weg des Lichtteilchens nachvollziehen, also messen, möchte, oder nicht. So etwas wäre im makroskopischen Bereich, z.B. mit einer Versuchsanordnung mit Tennisbällen, die durch zwei Spalte fliegen können, undenkbar, zumindest wurde etwas Vergleichbares bis heute nicht experimentell festgestellt.

Das Entscheidende an diesem Gedankenexperiment von Erwin Schrödinger ist, dass man Aussagen über das Ergebnis (Zustand der Katze) nie für die Zukunft treffen kann, sondern immer nur rückwirkend, nämlich nach einer Messung (Interaktion).

Was daraus nämlich u.a. folgt, ist, dass die Nutzbarmachung von nichtlokalen Verbindungen nicht möglich ist. Wenn aber etwas nicht möglich ist, dann liegt nach meiner Weltanschauung nahe, dass es auch nicht gewollt ist.

- „Gott würfelt nicht"

... sagte bereits Albert Einstein.

6.7. Was ist eine Verschränkung?

Das Konzept der Verschränkung gehört in der Physik zu den noch nicht wirklich erklärten Modellen, da eine Information offenbar mit Über-Lichtgeschwindigkeit übertragen werden kann. Was versteht man unter einer „Verschränkung"?

> Das quantenphysikalische Phänomen der Verschränkung (selten Quantenkorrelation) liegt vor, wenn der Zustand eines Systems von zwei oder mehr Teilchen sich nicht als Kombination unabhängiger Ein-Teilchen-Zustände beschreiben lässt, sondern nur durch einen gemeinsamen Zustand.
>
> Messergebnisse bestimmter Observablen verschränkter Teilchen (z.B. Observable Spin) sind korreliert, das heißt nicht statistisch unabhängig, auch wenn die Teilchen weit voneinander entfernt sind. Die Korrelation kann jedoch nicht durch lokale verborgene Variablen erklärt werden, da die Messergebnisse die Bellsche Ungleichung verletzen. Dies wiederum bedeutet, dass die Messergebnisse an verschränkten Teilchen nur durch eine nichtlokale Theorie erklärt werden können. Diese Nichtlokalität unterscheidet die Quantenmechanik grundsätzlich von klassischen physikalischen Theorien, bei denen eine unmittelbare Auswirkung lediglich lokal auftritt[5].

[5] https://de.wikipedia.org/wiki/Quantenverschr%C3%A4nkung

Ich möchte es etwas anschaulicher erläutern:

Die Quantenphysik an sich war Albert Einstein immer suspekt. Besonders hatte er Vorbehalte gegen das Konzept der Verschränkung, bei dem es so scheint, als würden zwei Teilchen „quasi telepathisch" kommunizieren. Er nannte dies eine „spukhafte Fernwirkung", bei dem zwei Teilchen „irgendwie fühlen" können, in welchem Zustand das jeweils andere Teilchen gerade ist.

Übrigens: Albert Einstein hat weder für seine Spezielle Relativitätstheorie, noch für seine Allgemeine Relativitätstheorie oder Überlegungen rund um die Quantentheorie einen Nobelpreis erhalten. Er erhielt stattdessen den Nobelpreis für Physik des Jahres 1921 (überreicht 1922) für seine Erläuterung zum sogenannten photoelektrischen Effekt bzw. kurz Photoeffekt.

Zurück zur Verschränkung: Zur bildhaften Erklärung stellen Sie sich bitte zwei Bäume vor, die wir Quantenbäume nennen. Wenn man nicht hinschaut, weiß man nicht, ob es sich um einen Apfelbaum oder einen Birnenbaum handelt. Der Baum befindet sich quantenmechanisch in einer Superposition, nämlich halb-Apfel und halb-Birne. Er wenn ein Baum mit der Umwelt interagiert, also sobald wir hinsehen, „entscheidet" sich der Baum für seine gewünschte Fruchtart.

Diese beiden Bäume stehen unendlich weit voneinander entfernt, nämlich ein Baum auf der Erde und der andere Baum auf dem Planeten Terra im Andromeda-Nebel, sind aber „verschränkt". Das nun absolut Verblüffende ist, dass sich beide Bäume „synchron" verhalten. Wenn man den einen Baum auf der Erde betrachtet und sich dieser Baum „entscheidet", ein Apfelbaum zu sein, passiert auf dem Planeten Terra augenblicklich das gleiche, der verschränkte Baum trägt auch Äpfel.

Dieses Beispiel ist natürlich nur eine Metapher, aber im Bereich kleinster Teilchen (Quanten) gibt es solche Beobachtungen tatsächlich.

In der Physik wird erklärt, dass diese Gleichzeitigkeit ohne Informationsübertragung funktioniert. Mir konnte dies damals niemand vernünftig und für mich nachvollziehbar verdeutlichen. Vielleicht reichte und reicht einfach mein wissenschaftliches Verständnis nicht aus.

Auch das Bild der Verschränkung ist für das Verständnis des Siegersystem-Konzepts von Bedeutung. Dazu komme ich später noch.

6.7.1. Bells Theorem

Der nordirische Physiker John Irving Bell wies 1964 mathematisch nach, dass einige Quantenkorrelationen nicht auf eine lokale Ursache zurückgeführt werden können. Als Folge ist diese sogenannte Bell´sche Ungleichung sowohl für die Metaphysik, als auch für die Quanteninformationswissenschaft von großer Bedeutung. Selbst heute noch streiten Wissenschaftler und Philosophen darüber, welche Bedeutung dieses Bell´sche Theorem für uns hat.

Wie schon bei „Schrödingers Katze" erläutert, macht die Quantentheorie keine Angaben über eine einzelne Messung bzw. das Ergebnis, sondern es wird von Wahrscheinlichkeiten gesprochen, z.B. zu 50% lebendig und zu 50% tot. Es gibt nur „mögliche" Resultate.

Bei Experimenten mit Verschränkungen ist dies anders. Was eine Verschränkung ist, hatte ich im Abschnitt zuvor erläutert. Das Ergebnis von Messungen mit verschränkten Teilchen scheint dem tatsächlich Erlebbaren entgegen zu stehen.

Verbindungen dieser Art, genannt Bell-Korrelationen, wurden schon vor mehr in den 1908-ern experimentell bestätigt. Dies hat Auswirkungen auf unsere als Realität wahrgenommene Welt. Entweder das Ergebnis von Zustandsänderungen korrelierter Teilchen ist tatsächlich ein Riesenzufall oder die Welt ist nichtlokal, weshalb ich auch zuvor den Begriff „Nichtlokalität" erläutert hatte.

Das von John Bell aufgestellte Theorem könnte man wie folgt plausibel darstellen[6]:

> Eine Quelle emittiert ein Teilchenpaar T1 und T2, von dem wir annehmen, dass es Quantenkorrelation zeigt. Eines der Teilchen erreicht Alice, das andere erreicht Bob, die beide an unterschiedlichen Orten (aber gleich weit entfernt von der Quelle) ihr jeweiliges Teilchen registrieren.

[6] [6] siehe Abschnitt 7.1.3 des Buches Physik in Quanten von Valerio Scarani

Unter der Annahme, dass die Teilchen schon an der Quelle entschieden haben, mit welchem Wert sie auf mögliche Messungen reagieren werden, gilt:

In ihrer Absprache kann nicht berücksichtigt sein, welche Messung Alice und Bob für ein konkretes Teilchenpaar (T1,T2) vornehmen werden, denn:

Bob und Alice wählen jeweils eine von zwei möglichen Messungen: A oder A' auf Seite Alice, B oder B' auf Seite Bob. Sie seien so gewählt, dass jede dieser Messungen den einen oder den anderen der Werte +1 oder -1 liefern wird (Messungen solcher Art entsprechen dem Feststellen einer Eigenschaft der Teilchen, die nur zweier Werte fähig ist — ihres Spins etwa).

Nur was die Teilchen schon an der Quelle vereinbart haben, bestimmt das Ergebnis e(M) jeder Messung M.

Wir definieren

$$S(T1,T2) = (e(A) + e(A')) * e(B) + (e(A) - e(A')) * e(B')$$

und nennen X den Mittelwert aller S(T1,T2), der sich über viele Teilchenpaare (T1,T2) hinweg ergibt.

Da S(T1,T2) stets eine der Zahlen +2 oder -2 ist, folgt aus unsere Annahme oben Bells Ungleichung:

$$-2 \leq X \leq +2$$

> Da nun aber Alain Aspects Messungen in etwa X=2.83 liefern, muss unsere Annahme, korrelierte Teilchen hätten sich vorweg irgendwie abgesprochen, falsch sein.

Vielleicht war der Begriff „plausibel" von mir nicht geschickt gewählt, denn um die Rechnung nachvollziehen zu können, muss man etwas mathematisch vorgebildet sein. Ich darf aber festhalten, dass mit dieser Berechnung untermauert ist, dass korrelierte Teilchen erst zum Zeitpunkt der Messung (Interaktion) „entscheiden", in welchem korrelierten Zustand sie gemessen bzw. beobachtet werden.

Interessant sind zu diesem Thema verschiedene durchgeführte DNA-Experimente, nicht nur der DNA-Phantom-Effekt. Auch bei der DNA scheint es eine Verschränkungswirkung zu geben. Bei Experimenten haben Einflüsse auf die DNA an Ort A Veränderungen an der DNA an Ort B hervorgerufen. Die Reaktion von Gefühlen auf die DNA scheint immer gleichzeitig zu erfolgen, egal wie weit die DNA-Proben voreinander entfernt sind.

Was sich für mich daraus ergibt, ist die Frage, ob dieses Ergebnis auch Auswirkungen auf die Überlegungen zum Thema „Bewusstsein" hat. Gibt es auch beim Bewusstsein Verschränkungen? Gibt es verschränkte Bewusstseine, die sich gegenseitig nichtlokal, zeitgleich beeinflussen? Gibt es womöglich ein Gesamtbewusstsein, für das das Konzept der Verschränkung gilt?

Diese Überlegungen waren für die Entwicklung des Siegersystem-Konzepts von zentraler Bedeutung, wie ich noch darlegen werde.

6.7.2. Kann man vergangene Ereignisse beeinflussen?

Ein in meinen Augen weiteres, extrem spannendes Experiment stammt von Helmut Schmidt, einem deutschen Physiker. Interessanterweise habe ich mich bei der Entwicklung des Siegersystem-Konzepts mehr mit physikalischen Themen, als mit dem Bereich Psychologie beschäftigt. Möglicherweise ist es „kein Zufall", dass ich u.a. auch Physik studiert habe und mir somit der Zugang zu diesen Themen deutlich erleichtert war.

Helmut Schmidt führte Experimente durch, die prüfen sollten, ob man mit Gedanken Zufallsprozesse beeinflussen kann. Sogar vergangene Prozesse, die bereits in der Vergangenheit lagen und abschlossen waren, sollten mit Gedanken beeinflusst werden.

Nun hört es sich im ersten Moment ziemlich „verrückt" an, Ergebnisse mit Gedanken beeinflussen zu wollen, die bereits abgeschlossen und beendet sind, aber ich habe natürlich wohl bedacht die Konzepte von „Nichtlokalität", „Synchronizität", „Schrödingers Katze", „Verschränkung" und „Bells Theorem" erläutert.

Wenn man sich nämlich vor Augen hält, dass in der Quantenmechanik erst dann ein Ergebnis feststeht, wenn man es misst bzw. das Experiment mit der Außenwelt interagiert, dann ist es nicht zu weit hergeholt, zu überlegen, ob man ein quantenmechanisches Experiment, bei welchem das Ergebnis noch nicht durch eine Interaktion (Messung) festgelegt ist, durch eine nachträgliche Beeinflussung, in diesem Fall durch Gedanken, verändern kann. Wem dies zu „abgefahren" klingt, möge bitte nochmal die vorherigen Kapitel lesen.

6.8. Was tat nun Helmut Schmidt?

Helmut Schmidt entwickelte einen Zufallsgenerator, nämlich die nach ihm benannte „Schmidt-Maschine". Die Maschine beinhalte ein radioaktives Material, nämlich Strontium 90, dessen Zerfall rein zufällig erfolgt(e) und nicht prognostizierbar war/ist.

Der Zerfall eines Strontium 90-Atoms wurde von einem Geigerzähler registriert und ließ dort eines von vier Lämpchen aufleuchten. Die Versuchspersonen mussten vorher raten, welches Lämpchen aufleuchten würde. Eine Elektronik verwandelte die aufgetretenen Zerfälle in eine zufällige Folge von Ziffern mit den Werten 0 und 1. Bei einer „1" leuchtet z.B. das nächste Birnchen im Uhrzeigersinn, bei einer „0" gegen den Uhrzeigersinn. Die Testpersonen sollten z.B. mit ihren Gedanken erreichen, dass das Licht bevorzugt in nur eine Richtung läuft.

Seine Experimente wurden in vielen Laboren in der Welt nachgestellt. Über 800 Forschungsberichte aus 68 Laboratorien untermauerten die Ergebnisse von Helmut Schmidt, so dass man unsere „eingeengten" Annahmen über eine denkbare direkte Einflussnahme des Bewusstseins auf die Materie bzw. unsere „Realität" überdenken sollte.

Dass eine Beeinflussung der Zufälligkeit des Atomzerfalls festgestellt wurde, war bereits äußerst erstaunlich. Noch erstaunlicher war aber das Ergebnis bei Experimenten, bei denen die Ziffernfolgen nur abgespeichert, aber nicht überprüft wurden, so dass das Ergebnis noch nicht bewusst feststand. Denn auch für bereits beendete Experimente soll man festgestellt haben, dass eine nachträgliche Beeinflussung möglich war.

Wenn dem so ist, nämlich dass eine nachträgliche (Zeit als Illusion?) Beeinflussung von nicht gemessenen Ergebnissen mit Gedanken möglich ist, dann stellt sich mir die Frage, ob es tatsächlich anmaßend ist, den Gedanken zu verfolgen, dass man nachträglich, also rückwirkend, „Herr seiner Vergangenheit" werden kann? Denn genau darum geht es auch beim Siegersystem-Konzept.

6.9. Was sind morphische Felder?

Nachdem wir uns mit der möglichen Beeinflussung der materiellen Welt durch Gedanken beschäftigt haben, kommen wir automatisch zum dem Bereich der „morphischen Felder ", die Rupert Sheldrake postulierte. Hier verlassen wir allerdings den Bereich der "wissenschaftlich anerkannten Physik".

Als morphisches Feld (engl. „morphic field"), ursprünglich auch als morphogenetisches Feld, bezeichnete der britische Biologe Rupert Sheldrake ein hypothetisches Feld, das als „formbildende Verursachung" für die Entwicklung von Strukturen sowohl in der Biologie, Physik, Chemie, aber auch in der Gesellschaft verantwortlich sein soll. Von der Naturwissenschaft wird die Hypothese als pseudowissenschaftlich eingestuft, dennoch wird die wissenschaftliche Überprüfung der Hypothese in Einzelfällen gefordert. Auch Vertreter der Sozialwissenschaften haben die Hypothese ernsthaft diskutiert.

Sheldrake postulierte die Existenz eines universellen Feldes, welches das „Grundmuster" eines biologischen Systems kodieren soll. Er nahm zunächst Bezug auf den davor bereits bestehenden Begriff des morphogenetischen bzw. Entwicklungs-Feldes, formulierte ihn aber im Rahmen seiner Hypothese neu.

Nach Sheldrakes Ansicht ist es einer Form, die bereits an einem Ort existiert, ein Leichtes, auch an irgendeinem anderen Ort zu entstehen. Nach dieser Hypothese wirkt das morphische Feld nicht nur auf biologische Systeme, sondern auf jegliche Form, beispielsweise auch auf die Bildung von Kristallstrukturen. Dies nannte Sheldrake 1973 ein morphisches Feld, später auch das Gedächtnis der Natur. Seine Hypothese veröffentlichte er 1981 in seinem Buch A New Science of Life (deutsch: „Das schöpferische Universum. Die Theorie des morphogenetischen Feldes").

In seinem 1988 veröffentlichten Werk "Presence of the Past: A Field Theory of Life". (deutsch: „Das Gedächtnis der Natur. Das Geheimnis der Entstehung der Formen in der Natur") erweiterte er seine Hypothese dahingehend, dass die morphischen Felder auch die Naturgesetze selbst erfassen. Nach dieser Sichtweise bestünde die Natur möglicherweise nicht aus Naturgesetzen, sondern eher aus Gewohnheiten.

Im Unterschied zum elektromagnetischen Feld als „energetischem Typus der Verursachung" soll dieses Feld keine Energie zur Verfügung stellen. Die Hypothese eines morphischen Feldes dient als Erklärungsmodell für das genaue Aussehen eines Lebewesens (als Teil seiner Epigenetik) und sollte am Verhalten und der Koordination mit anderen Wesen beteiligt sein. Dieses morphogenetische Feld soll eine Kraft zur Verfügung stellen, welche die Entwicklung eines Organismus steuert, sodass er eine Form annimmt, die anderen Exemplaren seiner Spezies ähnelt. Ein Rückkoppelungsmechanismus namens morphische Resonanz soll sowohl zu Veranderungen an diesem Muster führen, als auch erklären, warum etwa Menschen während ihrer Entwicklung die spezifische Form ihrer Art annehmen.

Bereits 1958 hatte der Chemiker und Philosoph Michael Polanyi in seinem Buch „Personal Knowledge: Towards a Post-Critical Philosophy" ein sehr ähnliches Konzept entwickelt, das er ebenfalls als morphogenetische Felder bezeichnet hatte. Andere Vorläufer sind die ebenfalls weitgehend unbeachtete Theorie morphogenetischer Felder des Biologen Alexander Gurwitsch aus den 1920er Jahren und die noch ältere, um die vorhergehende Jahrhundertwende erstellte Entelechie-Theorie des Embryologen Hans Driesch.

Eines von Sheldrakes Beweismitteln war die Arbeit des Forschers William McDougall von der Harvard-Universität, der in den 1920er Jahren die Fähigkeit von Ratten untersucht hatte, aus Labyrinthen herauszufinden. Er hatte herausgefunden, dass Ratten, nachdem andere vor ihnen das Labyrinth gelernt hatten, schneller hindurch fanden. Zuerst brauchten die Ratten 165 Fehlversuche, bevor sie jedes Mal ohne Fehler durch das Labyrinth fanden, aber nach einigen Generationen waren es nur noch 20 Fehlversuche. McDougall glaubte, dass der Grund dafür in einer Art von Lamarckschem Evolutionsprozess lag. Sheldrake hingegen sah darin den Beweis für die Existenz eines Feldes. Die Ratten, welche das Labyrinth zuerst durchliefen, schufen nach seiner Ansicht ein Lernmuster innerhalb eines „Rattenfeldes", auf das die Nachkommen dieser Ratten zurückgreifen konnten, auch wenn sie nicht verwandt waren. Für die Versuche wurde stets dasselbe Labyrinth verwendet, Geruchsspuren wurden außer acht gelassen.

Ein anderes Beispiel kam aus der Chemie, in der sich ein anderes noch ungeklärtes „Lernverhalten" bei der Züchtung von Kristallen abspielte. Wenn eine neue chemische Verbindung erstmals hergestellt wird, geht der Kristallisationsprozess langsam vonstatten. Wenn andere Forscher das Experiment wiederholen, stellen sie fest, dass der Prozess schneller abläuft. Chemiker schreiben dies der gestiegenen Qualität späterer Experimente zu – die Fehler der früheren Versuche waren schon dokumentiert und wurden nicht erneut begangen. Sheldrake hingegen glaubte, dass dies ein weiteres Beispiel für ein morphogenetisches Feld sei. Die Kristalle, die bei den ersten Versuchen gezüchtet worden waren, hätten ein Feld erschaffen, auf das die Kristalle der später durchgeführten Experimente zurückgegriffen hätten.

Seit damals wurde eine Reihe von anderen Beispielen hinzugefügt. Sowohl das Verhalten von Affen in Japan beim Putzen ihrer Nahrung als auch die Fähigkeit von europäischen Vögeln zu lernen, wie man Milchflaschen öffnet, wurden als Beispiele einer „nichtlokalen" Kraft bei Verhalten und Lernfähigkeit angeboten.[7]

Wenn man morphische Felder als eine Art Gedächtnisspeicher betrachtet, in welchem Informationen ohne Beschränkungen von Zeit und Raum übertragen werden, erinnert dies nach meiner Einschätzung u.a. an das Konzept der Verschränkung von quantenmechanischen Teilchen.

[7] https://de.wikipedia.org/wiki/Morphisches_Feld

6.10. Das Prinzip des hundertsten Affen

Eine Erläuterung, was das morphische Feld bewirken soll, wird z.B. bei dem „Prinzip des 100-sten Affen" beschrieben. Ob die Geschichte stimmt oder es sich nur um einen modernen Mythos handelt, spielt keine Rolle, es geht mir an dieser Stelle nur darum, die „Idee" hinter dem morphischen Feld „greifbarer" zu machen.
Angefangen hat die Geschichte im Jahr 1958 auf der japanischen Insel Kōjima. Dort lebende Wissenschaftler sollen den Affen Süßkartoffeln gegeben haben. Die Tiere lernten mit der Zeit, die Süßkartoffeln vor dem Verzehr zu waschen, um sie vom Sand zu befreien.

Der Botaniker Lyall Watson beschreibt die weitere Entwicklung 1979 wie folgt: „Mit dem Hinzukommen eines hundertsten Affen überschritt die Zahl jedoch offenbar eine Art Schwelle, eine bestimmte kritische Masse, denn schon am Abend desselben Tages tat es fast der gesamte Rest der Herde. Und nicht nur das: das Verhaltensmuster scheint sogar natürliche Barrieren übersprungen zu haben und – ähnlich wie Glyzerinkristalle in hermetisch verschlossenen Reagenzgläsern – auch in Kolonien auf anderen Inseln sowie bei einem Trupp ... auf dem Festland spontan aufgetreten zu sein."

Drei Jahre später beschrieb der Autor Ken Keye, wie er sich dieses Lernverhalten erklärte:

> „Wenn eine kritische Anzahl ein bestimmtes Bewusstsein erreicht, kann dieses neue Bewusstsein von Geist zu Geist kommuniziert werden."

Der hundertste Affe soll sozusagen einen für uns noch nicht erklärbaren „spontanen" Lernvorgang initiiert haben. Lyall Watson ging noch einen Schritt weiter:

- „Wenn nur genug von uns etwas für wahr halten, dann wird es für alle wahr."

Das Konzept der morphischen Felder von Rupert Sheldrake würde das „Prinzip des hundertsten Affen" erklären.

6.11. Das morphische Feld als Konzept für die Materie

Legt man das Konzept des morphischen Feldes zu Grunde, dann würde dies erklären, warum Zellen bei Vorhandensein eines ordnenden morphischen Feldes genau so wachsen, wie sie sollen. Schneidet man sich z.B. in den Finger, dann wachsen die Zellen an den Schnittflachen dergestalt, dass die Wunde verheilt. Woher wissen die Zellen, wie sie wachsen müssen?

Falls eine Struktur jedoch weniger organisiert ist, wird das morphische Feld bzw. auch Informationsfeld verändert, dann wachsen Zellen ungeordnet. Eine veränderte Information führt zu einer geänderten Organisation. Könnte dies eine Erklärung für ein ungeordnetes Zellwachstum sein, nämlich dass das ordnende Feld gestört ist?

Wie wirkt, wenn es das gibt, das morphische Feld auf das Bewusstsein? Wie auf die Seele? Gibt es eine Wechselwirkung? Ist ggfs. jedes Bewusstsein an der Wirklichkeit aller anderen Bewusstseine bzw. Lebewesen beteiligt?

6.12. Telesomatik - Verbindung zwischen Menschen

Sobald man sich mit dem Konzept des morphischen Feldes bzw. der Bewusstseine beschäftigt hat, kommt man unweigerlich zu der Frage, inwieweit sich zum einen alle Bewusstseine gegenseitig beeinflussen, sowie zum anderen, welche Verknüpfung zwischen Bewusstseinen besteht oder möglich ist.

Jede Mutter weiß, was ich damit meine, wenn ich sage, dass es eine unsichtbare Verbindung zwischen einer Mutter und ihrem Kind gibt. Eine Mutter weiß einfach, was das eigene Kind spürt, wenn es in Not ist. Mütter spüren über beliebig weite Entfernungen, dass irgendetwas nicht stimmt, wenn das eigene Kind in Panik ist.

Aber es muss noch nicht einmal eine extreme Notsituation sein. Als unsere Kinder im Babyalter geschrien haben, weil sie Hunger hatten, hat bei meiner Frau sofort der Milcheinschuss eingesetzt, selbst wenn die Kinder 4 km entfernt bei den Großeltern waren.

Bei telesomatischen Erlebnisses weiß man erst hinterher, dass es eine Verbindung zwischen gefühlsverbundenen Menschen gab, z.B. wenn die Mutter einen Milcheinschuss hat oder spürt, dass ihrem Kind etwas passiert ist. Solch eine Erfahrung kann man nicht bewusst herbeiführen oder planen.

Dieses Fernspüren (Telesomatik) gibt es zwischen Menschen, die emotional sehr verbunden sind, also nicht nur zwischen Müttern und ihren Kindern. Die Frage ist, wie so etwas mit der heutigen Physik erklärt werden kann. Einen Zufall schließe ich, weil diese Erfahrungen zu häufig gemacht wurden und werden.

Deutlich näher liegt mir die Erklärung, dass sich alle Bewusstseine gegenseitig beeinflussen bzw. miteinander irgendwie „verbunden" sind. Je näher man sich emotional steht, desto „verschränkter" interagieren die Bewusstseine.

Falls dem so sein sollte, wäre tatsächlich anzunehmen, dass jeder an der Wirklichkeit eines jeden Anderen beteiligt ist und auch das Versenden von Energie oder das Aussprechen von Fürbitten Auswirkungen hat. Auf diese Punkte komme ich später noch ausführlich zu sprechen.

6.13. Ursache und Wirkung

Kommen wir wieder zu der wissenschaftlichen Physik zurück. Das Gesetz von Actio = Reactio.

Dieses Prinzip, auch Gegenwirkungsprinzip, Wechselwirkungsprinzip oder drittes Newton´sches Axiom genannt, ist ein von Isaac Newton postuliertes Gesetz, das besagt, dass bei der Wechselwirkung zwischen zwei Körpern jede Aktion zeitgleich eine gleich große Reaktion erzeugt. Dieses Gesetz von Ursache und Wirkung wird als universell betrachtet.

Die Beziehung Actio = Reactio wurde in viele andere Bereiche übertragen, z.B. besagt das Geheimnis von Hermes Trismegistos:

- „Wie innen, so außen. Wie oben, so unten."

Warum sollte das Gesetz „Actio = Reactio" bzw. „Ursache und Wirkung" nur auf der materiellen Ebene Gültigkeit besitzen? Diese universelle Betrachtung hat nach den voran gegangenen Erläuterungen in meinen Augen ganz sicher Gültigkeit für alles, was wir denken und fühlen. Das „Gesetz der Anziehung" scheint mir hierdurch nicht nur bestätigt, sondern belegt. Das, was wir denken und fühlen, ziehen wir an und sind dementsprechend verantwortlich für alles, was wir im Leben manifestieren.

Gerade dieser Punkt ist für das Siegersystem-Konzept außerordentlich wichtig. Wer es ablehnt, die Verantwortung für sein Leben anzuerkennen und anzunehmen, wird nach meiner Einschätzung immer ein „Opfer" bleiben und sein Leben nicht „in die Hand nehmen" können. Wer aber bereit ist, diese Erkenntnis zu verinnerlichen, der wird mit dem Siegersystem außerordentlich positive Ergebnisse erreichen können.

7. Biologische Hintergründe

Ich halte es für wichtig, auch auf die biologischen Gegebenheiten einzugehen, weil dies das ganze Thema etwas "greifbarer" macht. Wer meine Bücher zur Omniatherapie gelesen hat, wird sich an einiges erinnert fühlen, ich ergänze es aber mit Inhalten, die zum Thema "Siegersystem: Gewinnen ist Bauchsache" passen und gehören.

7.1. Das Gehirn – Ein absolutes Wunderwerk

Gibt es „dumme Menschen"? Ich behaupte, dass dies nicht der Fall sein kann. Es gibt zwar sicher unterschiedlich intelligente Menschen, aber „dumm" kann kein Mensch sein, denn das menschliche Gehirn ist ein „Wunderwerk der Natur". Dies gilt gleichermaßen für Menschen, die scheinbar immer auf der Gewinnerseite zu stehen scheinen, wie für Menschen, die sich selbst irgendwie immer als Verlierer oder sogar Versager betrachten.

Haben Sie eine Vorstellung davon, zu welcher „Rechenleistung" ein menschliches Gehirn fähig ist? Und zwar nahezu unabhängig vom IQ oder vom erreichten Erfolg?

> Fujitsu hat es mit seinem Großrechner geschafft, die Rechenleistung eines Prozentes des menschlichen Gehirns zu simulieren. Das hinter dem Experiment stehende Forschungsinstitut RIKEN benötigte dabei allerdings 40 Minuten um diese Hirnaktivitäten eine Sekunde lang nachzubilden. Bei der Simulation wurden virtuelle 1,73 Milliarden Nervenzellen geschaffen, die über 10,4 Billiarden Synapsen verbunden waren. Die Berechnungen wurden dabei mit dem japanischen Superrechner K gemacht, der 2011 als leistungsstärkster Rechner der Welt angesehen wurde. Im Inneren des Großrechners sind 82.944 Prozessoren verbaut.
>
> Bei diesem Versuch, der mit Hilfe der Open-Source-Software NEST bewerkstelligt wurde, wurde ein 1 PB großer Hauptspeicher benötigt - für jede einzelne Synapse musste ein Speicher von 24 Byte zur Verfügung stehen. Das entspricht der Leistungsfähigkeit von rund 250.000 PCs. Die japanischen Forscher konnten damit wichtige Daten liefern, um das Nervennetz im Hirn besser zu verstehen und reproduzieren zu können. Daneben sollte mit der Hirnsimulation aber auch die

> Fähigkeiten von Simulationssoftware getestet und die Leistungsgrenzen des Supercomputers ausgereizt werden.[8]

Das heißt, dieser Riesenrechner hat 40 Minuten benötigt, um 1 Sekunde der Rechenleistung des Gehirns zu simulieren.

Dazu „merkt" sich das Gehirn alles zu 100%, was im Leben erlebt, gefühlt und gesehen wird. Kann man unter Berücksichtigung dieser Rechen- und Speicherleistung wirklich noch davon sprechen, dass ein Mensch „dumm" sein kann? Und zwar selbst bei Menschen, bei denen man scheinbar unterstellen "darf", dass sie wenig zu wissen oder erfolglos zu sein scheinen?

7.2. Die DNA des Menschen

Was versteht man unter DNA?

> Desoxyribonukleinsäure (Des|oxy|ri|bo|nu|kle|in|säu|re; kurz DNS, englisch DNA für deoxyribonucleic acid) (lat.-fr.-gr. Kunstwort) ist ein in allen Lebewesen und in bestimmten Virentypen (DNA-Viren) vorkommendes Biomolekül und Träger der Erbinformation, also der Gene. Das Wort setzt sich zusammen aus des-, Oxygenium (Sauerstoff), Ribose (siehe Desoxyribose) und Nukleinsäure.

8 http://www.tomshardware.de/Superrechner-menschliches-Gehirn-Wissenschaft-Forschung,news-249437.html

Im Normalzustand ist DNA in Form einer Doppelhelix aufgebaut. Chemisch gesehen handelt es sich um Nukleinsäuren, lange Kettenmoleküle (Polymere), die aus vier verschiedenen Bausteinen, den Nukleotiden aufgebaut sind. Jedes Nukleotid besteht aus einem Phosphat-Rest, dem Zucker Desoxyribose und einer von vier organischen Basen (Adenin, Thymin, Guanin und Cytosin, oft abgekürzt mit A, T, G und C).

Die Gene in der DNA enthalten die Information für die Herstellung der Ribonukleinsäuren (RNA, im Deutschen auch RNS). Eine wichtige Gruppe von RNA, die mRNA, enthält wiederum die Information für den Bau der Proteine (Eiweiße), welche für die biologische Entwicklung eines Lebewesens und den Stoffwechsel in der Zelle notwendig sind. Innerhalb der Protein-codierenden Gene legt die Abfolge der Basen die Abfolge der Aminosäuren des jeweiligen Proteins fest: Im genetischen Code stehen jeweils drei Basen für eine bestimmte Aminosäure.

In den Zellen von Eukaryoten, zu denen auch Pflanzen, Tiere und Pilze gehören, ist der Großteil der DNA im Zellkern als Chromosomen organisiert, ein kleiner Teil befindet sich in den Mitochondrien – den „Kraftwerken" – der Zellen. Pflanzen und Algen haben außerdem DNA in ihren Chloroplasten, den Photosynthese betreibenden Organellen. Bei Bakterien und Archaeen – den Prokaryoten, die keinen Zellkern besitzen – liegt die DNA im Cytoplasma. Manche Viren, die RNA-Viren, haben keine DNA, sondern RNA, um die genetische Information zu speichern.

Im allgemeinen Sprachgebrauch wird die Desoxyribonukleinsäure überwiegend mit der englischen Abkürzung DNA bezeichnet; die parallel bestehende deutsche Abkürzung DNS wird hingegen seltener verwendet und ist laut Duden „veraltend".[9]

Dass man eine theoretische Vorstellung davon hat, was die Wissenschaft sich unter der DNA vorstellt, bedeutet noch nicht, dass man wirklich „weiß", welche Bedeutung die DNA für den Menschen und die Natur hat. Zum einen hat man nur eine Idee von einem kleinen Teil der DNA-Bestandteile, zum anderen forscht man überwiegend an der materiellen Oberfläche, ohne das Grundlegende verstanden zu haben, z.B. woher die DNA stammt, wie sie sich bilden konnte, wer der Schöpfer ist, welche Funktionen die DNA noch übernimmt und ob es eine Kommunikation mit der DNA gibt.

So möchte ich z.B. an dieser Stelle auf die Untersuchungen von Prof. Fritz-Albert Popp, einem deutschen Physiker, geboren am 11. Mai 1938 in Frankfurt a.M., hinweisen. Über die Entdeckung der Biophotonen schreibt z.B. der Spiegel:

- „Die Existenz dieser Biophotonen ist mittlerweile unumstritten. Den Nobelpreis hat Popp trotzdem nicht erhalten."

[9] https://de.wikipedia.org/wiki/Desoxyribonukleins%C3%A4ure

Und zu den Biophotonen:

> Für den Nachweis legte Popps Doktorand Bernhard Ruth anfangs Gurken- und Kartoffelkeime, später tierische Zellen in einen so genannten Photonen-Vervielfacher. Bei jeder Probe registrierte der Apparat Lichtemissionen, die im Laufe der Zeit schwächer wurden. Versuche mit lebenden und toten Zellen ergaben, dass bei lebenden Systemen die Lichtstrahlung langsamer abklingt. Popp folgerte: Die Biophotonen werden von durch Sonnenlicht angeregten Elektronen erzeugt. Wenn die Elektronen dann von ihrem höheren Energieniveau herabfallen, strahlen sie Licht ab. Bei einem Blatt beispielsweise, das vor längerer Zeit gepflückt wurde, fällt die Abstrahlkurve schneller ab als bei einem frisch gepflückten Blatt, weshalb Popp vermutet, dass die Elektronen in letzterem Fall nicht unabhängig voneinander agieren. Die Elektronen sind sozusagen voneinander informiert. Das Licht ist dann kohärent, wie bei einem Laser.
>
> Aber welche Funktion erfüllt dieses Licht in den Zellen? Eine Bemerkung Schrödingers brachte Popp auf die Spur: "Für höhere Tiere", schrieb Schrödinger, "kennen wir die Art von Ordnung, von welcher sie sich ernähren; es ist der geordnete Zustand der Materie in den Verbindungen, welche ihnen als Futter dienen." Und schließlich: "Pflanzen besitzen ihren stärksten Vorrat an "negativer Entropie" selbstverständlich im Sonnenlicht." Diesen Gedanken hat Popp weiterentwickelt. Sonnenlicht ist eine elementare Nahrungsquelle

> der meisten Lebewesen. Aus ihm beziehen auch wir Menschen auf zellulärer Ebene Energie und ordnende Signale. Nach Popp sind Lebensmittel nichts Anderes als Lichtinformation. Kurzum, wir Menschen sind "Lichtsäuger".[10]

Prof. Popp geht davon aus, dass der menschliche Organismus aus Licht (elektromagnetischer Strahlung) wichtige ordnende Impulse erhält. Die Schnittstelle dafür ist die DNA. Die elektromagnetischen Interaktionen sollen nach Aussage anderer Wissenschaftler sogar noch erheblich weiter gehen: „Unabhängig von der biochemischen Funktion als Eiweißproduzent ist die DNA ein komplizierter elektronischer Biochip, der mit seiner Umwelt kommuniziert, wie neueste Forschungen aus Russland ergeben haben", meinen die Grenzwissenschaftler Grazyna Fosar und Franz Bludorf.

7.3. Wird die DNA von Gedanken und Gefühlen beeinflusst?

Eine weitere wichtige Erkenntnis hat die Forschergruppe Garjajev publiziert. Neben der Bedeutung für genetische Fingerabdrücke und für gezielte gentechnische Veränderungen des Erbguts wird jetzt die Frage nach der eigentlichen Funktion der kompletten DNA gestellt. Die russischen Wissenschaftler haben sich mit jenen 90% des DNA-Moleküls be-

---

10 http://www.spiegel.de/wissenschaft/mensch/biophotonen-das-raetselhafte-leuchten-allen-lebens-a-370918.html

fasst, die nichts mit der Eiweiß-Synthese, also mit biochemischen Prozessen, zu tun haben. Sie gehen davon aus, dass die spezielle Form der Doppelhelix die Funktion einer Antenne zum Empfangen und Senden elektromagnetischer Wellen übernimmt. Dies soll vor allem auf modulierte, also beeinflusste Wellen, zutreffen. Dabei werden Modulationen von der DNA als Informationen interpretiert und gespeichert. Diese Forschungsrichtung wird dementsprechend unter dem Stichwort Wellengenetik zusammengefasst.

Gemäß weiteren Untersuchungen wird die DNA von unterschiedlichen Wellenlängen des elektromagnetischen Spektrums unterschiedlich beeinflusst. Man weiß z.B., dass die Resonanzfrequenz der menschlichen DNA-Helix bei ca. 150 Megahertz liegt. Dies ist u.a. deshalb von Bedeutung, da Mobilfunknetze in Frequenzbereichen senden, die den harmonischen Oberwellen von 150 Megahertz entsprechen. Dies führt dazu, dass die elektromagnetischen Wellen der Mobilfunkmasten und Mobiltelefone die DNA in Schwingung versetzen. Ob dies positive Auswirkungen auf Ihre DNA haben kann, werden Sie bestimmt schnell einzuschätzen vermögen.

Somit scheint die DNA in erster Linie das elektromagnetische Kommunikationsgerät einer jeden Körperzelle zu sein. Die Gene sollen dabei nur 5% der DNA ausmachen, 95% der DNA sollen zur Kommunikation genutzt werden. Zellen interagieren und kommunizieren untereinander und mit der elektromagnetischen Umwelt. Zellen sind quasi Lichtspeicher, die sich gegenseitig beeinflussen.

Wenn man somit weiß, dass die DNA von außen beeinflussbar ist, dann liegt der Schluss nahe, dass man aktiv auf die eigene DNA einwirken kann. Die DNA ist dann der Empfänger von Gedanken und Gefühlen. Dies gilt gleichermaßen für alle Menschen, dies hat also nichts mit einem niedrigen oder hohen IQ oder mit viel Erfolg oder eher Misserfolg zu tun.

7.4. Ein Beleg für eine Beeinflussung der DNA

Einen sehr spannenden Bericht habe ich im Internet gefunden. Da er auf Englisch ist, übersetze ich ihn im Folgenden:

> Drei verschiedene Studien, die von unterschiedlichen Teams anerkannter Wissenschaftler durchgeführt wurden, haben etwas wirklich Außergewöhnliches gezeigt. Aber als eine neue Untersuchung diese drei Ergebnisse miteinander in Verbindung setzte, wurde etwas Überraschendes (orig. Schockierendes) festgestellt, etwas, das sich "in Sichtweise versteckte".
>
> Die menschlichen Gefühle formen buchstäblich die Welt um uns herum. Nicht nur unsere Wahrnehmung der Welt, sondern die Wirklichkeit selbst.
>
> Im ersten Experiment wurde menschliche DNA, die in einem versiegelten Behälter isoliert war, in die Nähe eines Testobjekts platziert. Die Wissenschaftler gaben dem Spender (Anm. d. Verf. "der DNA") einen emotionalen Reiz und, was schon faszinierend genug ist, die Gefühle beeinflussten deren DNA im anderen Raum.

In Gegenwart von negativen Gefühlen "spannte" sich die DNA. In Gegenwart von positiven Gefühlen entspannten sich die Spiralen der DNA.

- Die Wissenschaftler folgerten, dass "menschliche Gefühle Effekte hervorbringen, die den konventionellen Gesetzen der Physik trotzen".

Im einem zweiten ähnlichen, aber unabhängigen, Experiment extrahierten verschiedene Gruppen von Wissenschaftlern Leukozyten (weiße Blutkörperchen) von Spendern (Anm. d. Verf. "der DNA") und platzierten sie in Kammern, so dass sie elektrische Veränderungen messen konnten.

In diesem Experiment wurde der Spender (Anm. d. Verf. "der DNA") in einem Raum platziert und einer "emotionalen Stimulation" unterworfen, die aus Videoclips bestand, die im Empfänger unterschiedliche Gefühle erzeugten.

Die DNA wurde in einem anderen Raum in demselben Gebäude platziert. Sowohl der Spender (Anm. d. Verf. "der DNA"), als auch seine DNA wurden überwacht, und als der Spender (Anm. d. Verf. "der DNA") gefühlsmäßige Gipfel oder Täler zeigte (gemessen durch elektrische Reaktionen), zeigte die DNA die identischen Reaktionen zum genau gleichen Zeitpunkt.

Es gab keine Verzögerung, keine Übertragungszeit. Die DNA-Gipfel und -Täler haben den Gipfeln und Tälern des Spenders (Anm. d. Verf. "der DNA") zeitgleich entsprochen.

Die Wissenschaftler wollten sehen, wie weit sie den Spender (Anm. d. Verf. "der DNA") von seiner DNA trennen konnten und diesen Effekt noch feststellten. Sie hörten auf zu testen, nachdem sie die DNA und den Spender (Anm. d. Verf. "der DNA") um 50 Meilen getrennt hatten und noch das gleiche Ergebnis feststellten. Keine Verzögerung, Keine Übertragungszeit. Die DNA und der Spender (Anm. d. Verf. "der DNA") zeigten die gleichen identischen Reaktionen zum gleichen Zeitpunkt.

- Die Schlussfolgerung war, dass der Spender (Anm. d. Verf. "der DNA") und die DNA über Raum und Zeit hinaus miteinander kommunizieren können.

Das dritte Experiment erwies sich als ziemlich schockierend! Wissenschaftler beobachteten die Wirkung von DNA auf unsere physische Welt.

Lichtphotonen, die die Welt um uns herum bilden, wurden im Vakuum beobachtet. Ihre natürlichen Aufenthaltsorte waren völlig zufällig.

Menschliche DNA wurde dann in das Vakuum eingeführt. Das Überraschende (orig. Schockierende) war, dass die Photonen nicht mehr zufällig angeordnet waren. Sie folgten genau der Geometrie der DNA.

Wissenschaftler, die dies untersuchten, beschrieben dies so, dass sich die Photonen "überraschend und entgegen der Intuition" verhielten. Sie sagten weiter: "Wir sind gezwungen, die Möglichkeit eines neuen Feldes der Energie zu akzeptieren!"

- Sie folgerten, dass menschliche DNA buchstäblich das Verhalten von Licht-Photonen, die die Welt um uns herum bilden, beeinflusst.

Als eine neue Untersuchung durchgeführt wurde und alle diese drei wissenschaftlichen Ergebnisse miteinander verbunden wurden, waren die Wissenschaftler überrascht (orig. schockiert).

Sie kamen zu einer erstaunlichen Erkenntnis, dass, wenn unsere Gefühle unsere DNA beeinflussen und unsere DNA die Welt um uns herum formt, alle unsere Gefühle die Welt um uns herum verändern. Und nicht nur das, wir sind mit unserer DNA über Raum und Zeit verbunden.

- Wir erschaffen unsere Realität, indem wir sie mit unseren Gefühlen "auswählen".

Die Wissenschaft hat bereits einige unglaubliche Fakten über das Universum, in dem wir leben, bewiesen.

> Alles, was wir tun müssen, ist, die Punkte zu verbinden.[11]

Dieser Artikel ist für das Verständnis des Siegersystems sehr wichtig, darum wiederhole ich die Schlusserkenntnis:

- Wenn unsere Gefühle unsere DNA beeinflussen und unsere DNA die Welt um uns herum formt, dann verändern wir mit unseren Gefühlen die Welt um uns herum, und wir sind mit unserer DNA über Raum und Zeit verbunden. Somit erschaffen wir unsere Realität mit unseren Gefühlen.

Das heißt, es gibt wissenschaftliche Belege dafür, dass wir mit unseren Gefühlen unsere Realität erschaffen, also somit auch für alles, was wir in unserer Realität erleben, verantwortlich sind. Der wichtige "Nebeneffekt" ist, dass wir somit auch die Freiheit haben, durch entsprechend ausgerichtetes Denken und Fühlen unsere Realität so zu erschaffen, wie wir es "wollen".

Diese Erkenntnis hat, dieser Hinweis ist wichtig, nichts damit zu tun, ob jemand als besonders intelligent oder weniger gebildet gilt oder ob jemand besonders viel Erfolg hat oder immer zu den Verlierern zu zählen scheint. Für alle gleichsam gilt, dass Gefühle die Realität erschaffen, also kommt es für die Zukunft nicht darauf an, besonders gebildet zu sein oder

[11] https://www.lifecoachcode.com/2017/02/26/emotion-shapes-reality/

bereits viel Erfolg zu haben, sondern nur, was man im Hier und Jetzt denkt und fühlt.

7.5. Phantom-DNA-Effekt

Auf ein spannendes Experiment möchte ich aufmerksam machen. Dr. Pjotr Garjajev und sein Kollege, der Quantenphysiker Dr. Vladimir Poponin, machten bei der Messung von Vibrationsmustern von DNA-Proben eine Beobachtung, die vielfach bei Wiederholungen dieses Experimentes bestätigt wurde. Sie bestrahlten eine DNA-Probe mit Laserlicht und erhielten auf einem Schirm ein erwartetes Wellenmuster. Wenn jedoch die Probe weggenommen wurde, dann blieb trotzdem eine regelmäßige Struktur bestehen, so als ob die DNA-Probe immer noch vorhanden wäre.

Durch weitere Experimente zeigte sich, dass diese Muster auf die DNA-Probe zurückzuführen waren, denn bei einem Gegenexperiment ohne DNA-Probe zeigte sich auf dem Schirm nur ein Zufallsmuster. Dieses Ergebnis wird als Phantom-DNA-Effekt bezeichnet.

Die Wissenschaft geht davon aus, dass die DNA ein Störungsmuster im Vakuum erzeugt hat, durch die ein magnetisiertes Wurmloch entstehen soll. Diese Muster im Vakuum, die durch lebende Materie entstehen sollen, sollen sogar über mehrere Monate nachweisbar sein.

Wenn also die DNA derart weitreichende Auswirkungen hat, dann stellt sich die Frage, welche Konsequenzen sich daraus für den einzelnen, insbesondere für das eigene Denken und Fühlen ergeben. Dieser Punkt ist ein ganz zentraler Baustein des Siegersystems.

7.6. Verschränkung des Blutes

Was man in der Physik unter Verschränkung versteht, hatte ich im letzten Kapitel erklärt. Inzwischen gibt es Hinweise darauf, dass es so etwas wie eine Verschränkung in lebenden Organismen gibt. Der Physiker und Chemiker Dr. Klaus Volkamer führt hierzu sehr spannende Experimente durch.

> Stellen Sie sich vor, Sie würden sich etwas Blut nehmen lassen und von diesem Blut je einen Tropfen in zwei winzige Glasschalen geben. Dann lassen Sie diese Blutstropfen über Tage an Licht und Luft komplett austrocknen, sodass jeglicher biologischer Prozess zum Erliegen kommt.
>
> Die eine Probe lassen Sie in Klagenfurt und die andere transportieren Sie z.B. in ein Labor in Wien. Dort verwenden Sie eine sündhaft teure Labor-Waage, die in der Lage ist, in einem Glaszylinder unter Luftabschluss 1/10.000stel Milligramm zu wiegen. In diese Waage geben Sie das Glasschälchen mit dem vertrockneten Blutstropfen und wiegen diese eine Woche lang, kontrolliert und dokumentiert von einem angeschlossenem Computer. Das Gewicht wird sich nach wenigen Minuten bei einem Wert einpendeln, der uns als Zahl erst einmal nicht weiter interessiert. Dieser Wert soll

unser Nullgewicht sein. Nach einer Woche werden Sie feststellen, dass dieser festgelegte Nullwert – sofern das Labor erschütterungsfrei gebaut ist – immer gleich geblieben ist, d.h. nichts ist dort passiert.

In Klagenfurt machen Sie in einem zweiten Labor genau das gleiche, auch hier tut sich gewichtsmäßig rein gar nichts.

In Klagenfurt geben Sie nach einer Woche nun auf den trockenen Blutstropfen in der Waage drei Tropfen Nährlösung, die man für das Wachstum von Bakterienstämmen verwenden würde, um das Blut biologisch wieder zu aktivieren. Natürlich wiegt die Schale mit dem Blutstropfen nun ca. 0,15g mehr, weil eben drei Tropfen Nährlösung dazu kamen. Wir definieren dieses neue Gewicht in Klagenfurt jetzt wieder als Null und schauen was passiert.

Die ersten Stunden bleibt die Nulllinie erhalten, dann, nach ca. 1 Tag, beginnt das Gewicht im 1/1.000stel Miligrammbereich zu steigen. Mit jedem Tag steigt es weiter. Nach der klassischen Physik dürfte das gar nicht sein, weil es ein abgeschlossenes System ist, aus dem nichts entweichen oder hineinkommen kann. Die „alte" Physik hat dafür keine Erklärung.

Jetzt kommt jedoch das Spektakuläre: Das Gewicht des trockenen Blutstropfens in Wien steigt ebenfalls! Dort wurde aber nichts aktiviert, keine Nährlösung dazu gegeben, es bliebt immer völlig unberührt, niemand hat den Glaskolben berührt oder auch nur angesehen. Das Gewicht in Wien steigt im gleichen Maße wie das in Klagenfurt und zwar exakt zur gleichen Zeit mit gleichem Zuwachs.

Der Chemiker und Physiker Dr. Klaus Volkamer führte genau solche Experimente durch. Er entdeckte die feinstoffliche Materie, die er u.a. durch Versuche dieser Art begründete. Immer dann, wenn Leben keimt, wird sozusagen feinstoffliche Materie von der grobstofflichen angezogen. Anders formuliert: Die feinstoffliche haucht der grobstofflichen Materie das Leben ein. Diese feinstoffliche Materie ist Träger aller Informationen und Teil des Bewusstseins. Sie strukturiert sich in Quanten. Die kleinste Einheit ist die Zelle, die nächste der Zellverband, z.B. ein Herz und auch der Mensch oder die Erde sowie unsere Galaxie sind Einheiten dieser Feinstofflichkeit – alles Wesen mit einem Bewusstsein, alle miteinander verbunden. Die Kommunikation der feinstofflichen Quanten erfolgt mit millionenfacher Lichtgeschwindigkeit, durch alle grobstoffliche Materie oder Vakua hindurch, sie unterliegt nicht den Gesetzen der Einstein'schen Relativitätstheorie.

Dass die beiden Blutstropfen in Klagenfurt und Wien über mehr als 300 km miteinander kommunizieren, liegt an einer sogenannten physikalischen Verschränkung von feinstofflichen Einheiten. Und auch Blut ist eine Einheit für sich wie ein Organ. Bei 3.000 km oder 3.000.000 km wäre das Ergebnis immer das gleiche.

Ich gebe Ihnen recht, es bleibt dennoch gespenstisch, vor allem deshalb, weil es eben ein „toter" Tropfen Blut war. Aber die Geschichte geht noch weiter.

Wenn dann in Klagenfurt die Nährstoffe oder der Sauerstoff im Glaszylinder aufgebraucht sind, „stirbt" die reaktivierte Biologie des Blutstropfens und das Nullgewicht von einst stellt sich wieder ein. Gleichzeitig dazu auch bei dem „toten", unberührten Blutstropfen in Wien, weil die feinstoffliche Materie, das Leben also, wieder entschwunden ist. Faszinierend, oder?

Was mich dabei allerdings erschreckt, ist etwas ganz Anderes: Stellen Sie sich vor, Sie spenden 1/2 Liter Blut. Der Empfänger ihres Blutes, bzw. dessen Blut bleibt dann mit Ihrem Blut dauerhaft physikalisch verschränkt. Es verbindet Sie dann eine ganz direkte und besondere Kommunikation mit diesem Menschen bzw. dessen Blut, nur, Sie haben sich diese Person nicht ausgesucht, werden jedoch von ihr täglich über ihr Tun und Denken sowie deren Hormonausschüttungen beeinflusst, im Positiven wie im Negativen, wenn man das so sagen kann. Und stellen Sie sich vor, Sie hätten sogar fünf bis zehn Mal gespendet. Niemand kann heute ermessen, welche Konsequenzen dies wirklich hat.[12]

---

[12] http://enmed.de/spuk-im-blut-des-menschen-entdeckung-der-feinstofflichen-materie/

Ich kann dies nicht experimentell nachprüfen, aber sollten sich diese Hinweise bestätigen, dann würde ich dies als Sensation einstufen. Auf jeden Fall passt dieses Ergebnis zum Konzept des Siegersystems. Bitte lesen Sie diesen Artikel ggfs. noch einmal in Ruhe durch, denn in diesem Kapitel wird sehr deutlich, wie sehr Gedanken und Gefühle "Ihr Leben" beeinflussen, in beschriebenen Experiment "über" Ihr Blut. Diese Erkenntnis hat für mich den Erfolg des Siegersystems "greifbarer" und nachvollziehbarer gemacht.

7.7. Die Zirbeldrüse

Von der Zirbeldrüse haben Sie evtl. noch nichts gehört. Als ich das erste Mal den Begriff "Zirbeldrüse" vernommen habe, konnte ich mir darunter nichts vorstellen.

> Die Zirbeldrüse oder Epiphyse, anatomisch auch Glandula pinealis (deutsche Bezeichnung wohl nach der Zirbelkiefer (Pinus cembrum) bzw. der Form ihrer Zapfen; synonyme Fachausdrücke siehe weiter unten) ist ein kleines Organ im Epithalamus (einem Teil des Zwischenhirns).
>
> In der Zirbeldrüse wird von den Pinealozyten das Hormon Melatonin produziert. Die Hormonproduktion findet überwiegend nachts statt. Über das Melatonin werden der Schlaf-Wach-Rhythmus und andere zeitabhängige Rhythmen des Körpers gesteuert. Eine Fehl-

funktion kann – außer einem gestörten Tagesrhythmus – sexuelle Frühreife oder Verzögerung bzw. Hemmung der Geschlechtsentwicklung bewirken.

Die Zirbeldrüse hat mehrere synonyme Bezeichnungen:

- Zirbel
- die Epiphyse oder Epiphysis (cerebri) (griechisch-klinisch επίφυσις, wörtlich „der Auf-Wuchs", „das aufsitzende Gewächs" mit dem lateinischen Zusatz cerebri – des Gehirns, da auch die Knochenenden der langen Röhrenknochen als Epiphysen bezeichnet werden)
- das Corpus pineale (lateinisch-anatomisch, der Pinien[zapfenförmige]körper)
- die Glandula pinealis (lateinisch-anatomisch, die Piniendrüse).
- das Pinealorgan

Die Zirbeldrüse wird sowohl zum Epithalamus – einige Autoren vertreten allerdings die Meinung, dass die Glandula pinealis ein vom Epithalamus unabhängiges Organ ist – als auch zu den zirkumventrikulären Organen gerechnet. Sie liegt im Gehirn an der Hinterwand des III. Ventrikels über der Vierhügelplatte.

Die Farbe der Zirbeldrüse ist grau-rötlich. Die durchschnittliche Länge beträgt beim Menschen 5–8 mm bei einer Breite von etwa 3–5 mm und das Gewicht liegt bei etwa 80-500 mg, im Mittel etwa 100 mg.

Die Größe der Zirbeldrüse ist bei den einzelnen Tierarten sehr unterschiedlich. Interessant ist auch das Verhältnis der Zirbeldrüsengröße zur Größe des gesamten Hirns. Bei einigen Vögeln erreicht dieser Wert etwa 10 %. Tiere, die in höheren Breitengraden leben (Pinguine), haben größere Zirbeldrüsen als Tiere, die in wärmeren Gebieten der Erde leben.

Der Elefant, alle Krokodilarten und Alligatoren (Crocodylia) scheinen keine Zirbeldrüse zu haben. Auch scheinen die nachtaktiven Tiere kleinere Zirbeldrüsen zu haben als die tagaktiven Tiere.

Die Zirbeldrüse besteht zum größten Teil aus sekretorischen Nervenzellen (Pinealozyten) und Gliazellen.

In das Gewebe der Zirbeldrüse sind oft konzentrisch geschichtete, verschieden große Kalkkonkremente eingebaut. Diese Konkremente werden auch als Hirnsand (Acervulus, Acervuli) bezeichnet und sind im Röntgenbild des Schädels in der Mittellinie sichtbar. Ihre Zahl steigt mit dem Alter, und sie sind auch in anderen Teilen des Gehirns zu finden. Hirnsand wurde bislang bei vielen Säugetieren und einigen Vögeln nachgewiesen. Die biologische Bedeutung ist immer noch unklar.

Bei Fischen, Amphibien, Reptilien und vielen Vögeln ist die Zirbeldrüse als Scheitelauge noch selbst lichtempfindlich, bei Säugetieren gelangen von Lichtreizen ausgelöste Erregungen indirekt über Retina und Sehnerv zunächst in den Nucleus suprachiasmaticus im Hypothalamus. Der Nucleus suprachiasmaticus ist das primäre chronobiologische Zentrum der Säugetiere. Von hier ziehen Nervenfasern über die dorsale parvicellulare Unterabteilung des Nucleus paraventricularis, wo sie Synapsen mit absteigenden Bahnen zum Rückenmark aufnehmen. Diese absteigenden Bahnen ziehen zu den sympathischen Wurzelzellen (Nucleus intermediolateralis) im oberen Brustmark. Die Axone gelangen über den Halsteil des Sympathikus (bzw. Truncus vagosympathicus) wieder zurück kopfwärts zum Ganglion cervicale superius. Von hier wird die Information zur Epiphyse geleitet.

Hinduistische Mystiker sehen in der Zirbeldrüse das 6. Chakra (Ajna-Chakra), das mit Wahrnehmung, Intuition und Erkenntnis in Verbindung gebracht wird.

An der Yale University entdeckten der Hautarzt Aaron Lerner und sein Kollege J. D. Case die Struktur des Melatonins auf der Suche nach einem Medikament gegen die Vitiligo (Weißfleckenkrankheit). Sie brauchten dafür in vierjähriger Tätigkeit etwa 200.000 Rinderzirbeldrüsen, um das Melatonin zu isolieren.

In den 1960er Jahren hat Gregory Hill die Zirbeldrüse als Tor zur inneren Macht in seiner diskordianistischen religiösen Schrift, den Principia Discordia erwähnt.

Quay entdeckte 1964 den 24-Stunden-Rhythmus der Melatoninsekretion und 1965 mit seinen Mitarbeitern die Melatoninsynthese in der Retina.

1978 veröffentlichten M. Cohen und Mitarbeiter in The Lancet einen Artikel, in dem sie die Vermutung äußern, dass eine übermäßige Verkalkung der Zirbeldrüse ihre Funktion beeinträchtigen könnte, was eine Bedeutung für die Ätiologie des Brustkrebses bei der Frau haben könnte.

Jenny Redmam zeigte 1983, dass Melatonininjektionen bei Ratten zu einer Verschiebung ihrer endogenen zirkadianen Rhythmik führen und dass der Zeitpunkt der Melatoningaben dafür entscheidend ist.

Die Wirkung von Melatoningaben auf Personen, die unter Jetlag leiden, wurde 1986 von Josephine Arendt untersucht.

Die drei Melatoninrezeptoren Mel1a, Mel1b und Mel1c wurden 1995 von Steve Reppert und D. R. Weaver kloniert.

Im Oktober 1995 wurde Melatonin vom Bundesinstitut für gesundheitlichen Verbraucherschutz und Veterinärmedizin (BgVV) als „arzneilich wirksame Substanz" eingeordnet, was bedeutet, dass es als Nahrungsergänzung nicht mehr in Deutschland frei verkäuflich ist. Laut BgVV hat Melatonin keinen Nährwert.

Im ganzen Jahr 1995 wurden in den USA etwa 50 Millionen Melatonintabletten verkauft. Die National Institute on Aging (NIA des NIH) warnten im April 1997 vor dem sorglosen Gebrauch von Melatonin, das in den USA rezeptfrei erhältlich ist.[13]

Neben dieser eher biologischen Betrachtungsweise gibt es noch eine andere Bedeutung, die der Zirbeldrüse zugeschrieben wird.

Die Zirbeldrüse wird mit dem dritten Auge in Verbindung gesetzt, dem Auge des Horus, oder dem Sitz der Seele. Auf der Energie-Ebene soll die Zirbeldrüse die physische Manifestation des 6. Chakra (Ajna), verbunden mit echtem mystischen Potenzial, mit Wahrnehmung von nicht-physischer Realität und spiritueller Weisheit, sein.

[13] https://de.wikipedia.org/wiki/Zirbeldr%C3%BCse

8. Psyche: Bewusstsein und Unterbewusstes

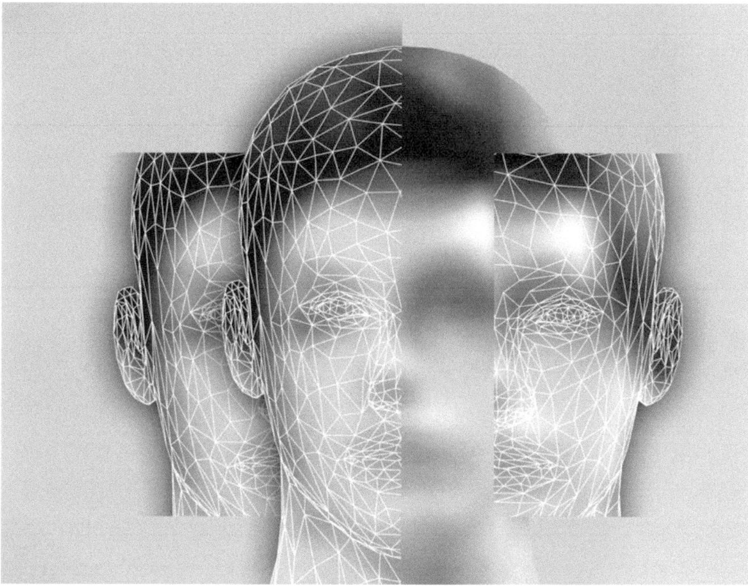

8.1. Was ist die Psyche?

Bei dem Begriff Psyche gibt es viele unterschiedliche Betrachtungsweisen, was eine konstruktive Diskussion erschwert, wenn nicht sogar unmöglich macht. So lautet eine Beschreibung:

> Die Psyche (altgriechisch ψυχή, deutsch ‚Seele') ist ein Ort menschlichen Fühlens und Denkens, sowie die Summe aller geistigen Eigenschaften und Persönlichkeitsmerkmale eines Menschen. Im Gegensatz zur

> Seele umfasst die Psyche keine transzendenten Elemente. In der Medizin geht man auch von der Annahme aus, dass Körper (Physis) und Geist (Psyche) nicht grundsätzlich voneinander unabhängig sind, sondern sich gegenseitig beeinflussen können (Psychosomatik). Obwohl im allgemeinen Kontext auf Menschen beschränkt, wird gelegentlich auch bei Tieren von einer „Psyche" gesprochen.[14]

Eine andere Beschreibung führt aus:

> Heute ist Psyche eines der vier Teile, die den nichtphysischen Anteil des Menschen ausmachen. Die drei anderen sind Bewusstsein, Geist, Seele. Während Psyche zu großen Teilen nur in Partnerschaft mit dem Körper existiert, bezeichnet Seele den Teil, der auch nach dem Ablegen des Körpers nicht vergeht.[15]

Ein weiterer Definitionsversuch lautet wie folgt:

> Die Psyche steuert das seelische und innere Leben des Menschen, beeinflusst seine Wahrnehmung und steuert seine Reaktionen. Die Psyche wird heute als einer von vier Teilen betrachtet, die den nicht materiellen Anteil des menschlichen Individuums ausmachen. Die anderen nicht greifbaren Bereiche sind Geist, Seele und Bewusstsein. Psyche existiert nur in Verbindung mit dem Körper, die Seele dagegen existiert in allen

[14] https://de.wikipedia.org/wiki/Psyche

[15] http://www.gordonpraxis.de/geistpsyche/

> Weltreligionen auch nach dem Sterben des physischen Körpers. Für viele Laien sind Psyche und Seele das Gleiche, doch das trifft nicht zu.
>
> Die Psyche ist die Summe aller menschlichen Wahrnehmungen und des Denkens. Die Seele dagegen fasst alle menschlichen Gefühlsregungen zusammen, hat also mit der Psyche sehr viel gemeinsam. Die Psyche ist eine Art Speichermedium. Sie speichert Erinnerungen oder verzerrt sie, um Angst bewältigen zu können. Psyche ist bei jedem Menschen unterschiedlich komplex. Sie liefert uns ein umfassendes Bild der Realität, ergänzt es aber mit Informationen aus der Vergangenheit und Vorstellungen über die Zukunft. Eine komplexe Psyche kann die Realität sehr differenziert darstellen, aber auch ein sehr verzerrtes Bild von ihr wiedergeben.[16]

Hier eine dritte Betrachtungsweise:

> Die Psyche ist die Gesamtheit aller geistigen Vorgänge, im Unterschied zu den physiologischen, körperlichen Vorgängen. Häufig mit Seele oder Geist übersetzt. Die Grenzen zwischen diesen Begriffen sind fließend. Psyche ist eher der wissenschaftliche, Seele eher der religiöse Begriff. Die Psyche umfasst sowohl das Bewusstsein wie das Unterbewusste und Unbewusstsein.[17]

---

[16] http://symptomat.de/Psyche

[17] http://www.philolex.de/psyche.htm

Jede Erläuterung unterscheidet sich grundlegend von den anderen. Ich hätte noch weitere Definitionsversuche aufführen können, aber wichtig war mir nur, zu verdeutlichen, dass es keinen Konsens gibt, was die Psyche eigentlich ist. Mal werden vier Wesensteile angenommen, nämlich Psyche – Bewusstsein – Geist – Seele, Mal wird Psyche mit Seele gleichgesetzt, mal ist die Psyche die Summe aller menschlichen Wahrnehmungen und lediglich ein Speichermedium, dann ist Psyche die Gesamtheit aller geistigen Vorgänge und wird mit Seele oder Geist übersetzt. Insgesamt ein großes Durcheinander. Wie soll man bei dieser Unklarheit vernünftig diskutieren können?

Ich definiere den Begriff Psyche als Trinität wie folgt:

- Unterbewusstes

  Das Unterbewusste nimmt den größten Teil des „Ichs" ein. Vergleichbar mit einem Eisberg, bei dem ca. 90% unter Wasser sind und nur etwa 10% über Wasser zu sehen sind. Das Unterbewusste steuert u.a. die Sinneswahrnehmungen, körperliche Vorgänge, Reflexe und das Gedächtnis. Es arbeitet deduktiv und logisch wie ein Computer, aber ausschließlich im Hier und Jetzt, also im Präsens. Was man dem Unterbewusste übermittelt, wird ausgeführt. Oftmals ist man sich jedoch nicht der Voraussetzungen bewusst, von denen das Unterbewusste ausgeht, wenn es eine Schlussfolgerung zieht oder eine Handlung initiiert.

Das Unterbewusste ist dabei offen für „Befehle" des Wachbewusstseins (oder auch kurz Bewusstseins). Das Unterbewusste ist somit direkt verantwortlich für Ihre Realität. Es hat die Leistungsfähigkeit eines Über-PC, der jeden PC der Welt um Längen schlägt, ist also extrem leistungsfähig. Alle Erfahrungen Ihres Lebens sind hier abgespeichert, wobei nicht klar ist, wo der Speicherort liegt (Gehirn, Bauch, Akasha).

Das Unterbewusste ist direkt mit dem Wachbewusstsein verbunden. Wenn das Wachbewusstsein keine Handlungsanweisungen formuliert, wird das Unterbewusste auf Basis der bestehenden Erfahrungen und Gefühle tätig. Dabei kann das Unterbewusste den Vorteil nutzen, nicht die reine Vernunft bei der Entscheidungsfindung und Handlungsentscheidung berücksichtigen zu müssen. Ganz im Gegenteil kann sich das Unterbewusste Dinge vorstellen, die es noch nicht gibt, und somit schöpferisch tätig werden.

- Wachbewusstsein

Dem Wachbewusstsein werden alle Eigenschaften der täglichen Kommunikation zugeordnet, also Gedanken, Leistung, Handeln. Dabei ist es die wichtigste Aufgabe des Wachbewusstseins, dem Unterbewusste „Aufträge" zu erteilen. Die eigentliche Aufgabe des Wachbewusstseins ist also, die Führung bei allen Handlungen zu übernehmen und zu entscheiden, was zu tun ist. Leider wird diese Kernaufgabe des Wachbewusstseins zu oft vernachlässigt.

Die Kapazität und die Leistungsfähigkeit des Wachbewusstseins sind dabei sehr beschränkt. Man kann z.B. nur denken und glauben, was man schon mal gelernt (erlebt) hat. Dabei kann man im Unterschied zum Unterbewusste in der Vergangenheit, in der Gegenwart und in die Zukunft denken, wobei Zukünftiges nur gedacht werden kann, wenn es mit den Erfahrungen und Werten des Unterbewussten übereinstimmt. Daher können Affirmationen nur erfolgreich sein, wenn sie mit Programmen des Unterbewussten in Einklang gebracht, also vom Unterbewusste „geglaubt" (als stimmig akzeptiert) werden können. Dazu komme ich noch im späteren Verlaufs des Buchs zu sprechen.

- Überbewusstsein

  Das Überbewusstsein wird auch „Höheres Selbst", kosmische Intelligenz oder Gott genannt (es gibt noch viel andere Begriffe). Das Überbewusstsein ist wie eine kleine innere Stimme, die nur Liebe, Freude und Glück kennt. Es ist die Quelle des Lebens, der innere Gottesfunken eines jeden Menschen. Das Überbewusstsein ist Lieferant einer Fülle von Ideen (Inspiration) und Unterstützung (man weiß dann, was richtig ist und wird innerlich sehr ruhig), ohne direkt vorzugeben, was zu tun ist, denn dafür zeichnet das Wachbewusstsein mit seiner Entscheidungsfreiheit (freier Wille) verantwortlich.

Die Psyche ist für das Individuum viel wichtiger, als der Körper, was sich schon dadurch zeigt, dass man problemlos körperliche Beeinträchtigungen in Kauf nimmt, wenn sich daraus ein Vorteil für die Psyche ergibt. Warum sonst sollte man sich freiwillig piercen, tätowieren oder Ohrlöcher stechen lassen?

Bitte behalten Sie im Hinterkopf, dass die Psyche, genauer genommen sogar das Unterbewusste, für das Individuum, genauer die Seele, viel wichtiger ist, als der Körper, den ich gerne "Bio-Anzug" nenne. Dieses Wissen ist auch für das Siegersystem wichtig.

8.2. Weitere Teile des Ichs

Speziell in der Parapsychologie und in der Esoterik werden weitere Teile des Ichs beschrieben.

- Astral-Körper

  Der Astral-Körper soll dünner als Luft sein, den physischen Körper durchdringen und ihn wie eine Aura umgeben. Der Astral-Körper soll insbesondere einen Bauplan für jede Zelle und jedes Organ des physischen Körpers in sich tragen, damit Wachstum, Reparatur und Erhaltung funktionieren. Der Astral-Körper soll weiterhin auf Gedanken und Gefühle reagieren und die Funktionen des physischen Körpers beeinflussen können.

➢ Chi-Energie

> Unter der Chi-Energie versteht man ein bestimmtes Potential im Menschen, dass sich mit Macht, Autorität, Energie, Geschicklichkeit, Selbstvertrauen etc. umschreiben lassen soll. In der Parapsychologie gibt es hierfür auch die Begriffe Prana, Orgon, Od u.v.m. Wenn man lernt, diese Energie zu steigern und zu lenken, soll man gleichzeitig seine Fähigkeit, sein Selbstvertrauen, seine Autorität und seine Macht insgesamt vergrößern können.

Es gibt noch weitere Beschreibungen, die aber den Rahmen dieses Buches sprengen würden und für das Konzept des Siegersystems keine Rolle spielen.

8.3. Gibt es ein universelles Bewusstsein?

Was versteht man unter „Universelles Bewusstsein"? Folgende Beschreibung gefällt mir gut:

> Das Ziel jedes Menschen auf dieser Welt – egal, ob er sich dessen bewusst ist oder nicht – ist die Einheit mit dem universellen (oder göttlichen) Bewusstsein. ... Keine körperliche, emotionale, geistige oder spirituelle Verfassung kann daran etwas ändern.
>
> Genau genommen ist dieses Eins-Sein nichts, was man durch Selbstverbesserung erreichen oder in einem Lehrgang oder durch Studien erlernen könnte. Es

ist weder für die reserviert, die sich auserwählt glauben, noch denjenigen vorbehalten, die einer speziellen Lehre anhängen. Einheit mit dem universellen Bewusstsein ist ein Zustand, und dieser Zustand existiert a priori in jedem Menschen. Selbst wenn man in der eigenen Spiritualität nichts oder wenig von dieser einzigartigen Beziehung bemerkt – sie entwickelt sich in jedem Menschen und wird irgendwann ein andauernder Zustand werden. Bis es soweit ist, ist es wichtig, eine Ahnung davon zu bekommen, was universelles Bewusstsein eigentlich ist, wie es „funktioniert" und was es bedeutet, die Einheit mit ihm zu erfahren.

In yogischer, tantrischer und taoistischer Literatur ist sehr viel über das universelle Bewusstsein geschrieben worden. Wichtig ist, dass man begreift, dass es kein Gegenstand des Wissens ist. Es besitzt keine Eigenschaften, und deshalb ist eine präzise Definition unmöglich. Was wir aber darüber sagen können, ist, dass es die Quelle von Zeit und Raum ist und von Bewusstsein, Energie und Materie, die wiederum Raum und Zeit (in allen Welten und Dimensionen, die unsere Welt ausmachen) ausfüllen.

Universelles Bewusstsein ist lebendig und gewahr. Es ist die Quelle des menschlichen Lebens und die Quelle von Glückseligkeit, Freude und Liebe. Die Begrenzungen, die uns Raum und Zeit auferlegen, nehmen wir mit unseren fünf Sinnen wahr. Das universelle Bewusstsein jedoch transzendiert diese Begrenzungen – es kann nicht sterben und ist nicht an den Kreislauf von Geburt, Leben und Tod gebunden. Die Prozesse der Evolution und Involution (Rückbildung) sorgen dafür, dass sich alle Dinge im Universum der Erscheinungen verändern. Das universelle Bewusstsein aber ist an diese Prozesse nicht gebunden – es hat sie hervorgebracht und ist daher unveränderlich.

Die Mandukya Upanishad nennt das universelle Bewusstsein Santam Sivam Adwaitam (Man.UP.VII). Es ist voller Frieden, Segen und nicht-dual. Es ist Stille, Grenzenlosigkeit und Vollständigkeit. Es ist Intelligenz und voll Glückseligkeit. Universelles Bewusstsein ist das unpersönliche Absolute. Es birgt in sich alles, was entstanden ist, und existiert daher ohne Augenblick.

Wer jetzt noch immer keine Vorstellung davon hat, was das universelle Bewusstsein ist, verzweifle nicht – er ist in bester Gesellschaft. Die meisten Weisen, Sucher, Theologen und Psychologen dieser Welt haben damit dasselbe Problem. Es ist nämlich so: Wenn man versucht, das universelle Bewusstsein zu begreifen, indem man seinen individuellen Verstand und sein Ego benutzt, muss man scheitern. Dann nämlich identifiziert man sich als Individuum, und sich als Individuum zu identifizieren, bedeutet, sich selbst und die eigene Wahrnehmung zu begrenzen und zu limitieren. Das, was begrenzt ist und sich ständig verändert, ist nicht in der Lage, etwas zu begreifen, das ewig ist, unbegrenzt und sich nie verändert, denn es geht weit darüber hinaus.[18]

Erwin Schrödinger, einer der Gründerväter der Quantentheorie, sagte mal:

- „Bewusstsein gibt es seiner Natur nach nur in der Einzahl. Ich möchte sagen: die Gesamtzahl aller "Bewusstheiten" ist immer bloß "eins"."

Insofern stellt sich die Frage, ob man bei den Menschen tatsächlich von verschiedenen "Bewusstseinen" oder Bewusstheiten sprechen kann oder sich die "Bewusstseine" zu einem Bewusstsein verbinden. Diese Frage kann ich nicht beantworten, die Antwort ist aber (zum Glück) für das Konzept des Siegersystems von untergeordneter Bedeutung.

8.4. Die acht Stufen der Bewusstseinsevolution

Ich habe im Internet "durch Zufall" etwas gefunden, was perfekt zum Verständnis von Bewusstsein im Kontext des Siegersystem-Konzepts passt. Es wurde geschrieben von Stephen Parato[19] und übersetzt von Antares (Pseudonym). Ich übernehme weitestgehend die deutsche Übersetzung und ergänze es mit eigenen Überlegungen.

---

[18] https://www.sein.de/das-universelle-bewusstsein-und-du/

[19] http://www.wakingtimes.com/2017/05/31/8-stages-conscious-evolution/

➢ Stadium 1: Das Leben passiert mir (Externalisierung)

Die erste Stufe wird durch Muster der Externalisierung kategorisiert und durch eine umfassende Opfer-Mentalität. Die dominierenden Emotionen sind Angst, Verachtung und Hoffnungslosigkeit. Es gibt auch einen Glauben, dass dem Leben nicht vertraut werden kann.

In diesem Stadium wird anderen Individuen die Schuld gegeben, der Gesellschaft, der Regierung, der Natur, den Krankheiten und anderen Elementen, von denen geglaubt wird, sie seien außerhalb der bewussten Kontrolle und des Einflusses von einem selbst.

Die motivierenden Kräfte der Stufe 1:

"Gefahrlosigkeit und Sicherheit."

Dominante Glaubensstrukturen:

"Das Leben ist nicht sicher; Ich bin nicht sicher."

Mantra für die Evolution:

„Gott spielt nicht würfeln mit dem Universum."

(Albert Einstein)

- **Stadium 2: Das Leben passiert durch mich (Kontrolle)**

In dieser zweiten Phase erkennen die Einzelpersonen, dass sie ein gewisses Maß an Kontrolle haben. Doch diese Kontrolle ist oft durch Angst und Überleben motiviert.

Zum Beispiel ist Krieg eine Erweiterung dieses Stadiums des Bewusstseins. Der Feind wird als Bedrohung wahrgenommen, und deshalb glauben die Menschen, dass es moralisch gerechtfertigt sei, diesen Feind zu töten, zu beseitigen oder zu unterdrücken.

Wir sehen auch verschiedene Reflexionen dieses Stadiums des Bewusstseins in unserer kollektiven Welt. Schaut mal an, wie die meisten Menschen die Umwelt und die zwischenmenschlichen Beziehungen behandeln. Oder betrachtet die dominierende Mentalität von Politik und Wirtschaft.

Diese Ebene des Bewusstseins ist von dem späteren tieferen Verständnis abgeschnitten: Das Leben ist keine zufällige Reihe von Ereignissen, über die Kontrolle ausgeübt werden muss, sondern eine tiefere Reflexion der inneren Psychodynamik des eigenen Geistes und Bewusstseins eines Menschen.

Dominante Glaubensstrukturen:

"Ich muss es so machen; Was ich nicht kontrollieren kann, wird mich vernichten."

Mantra für die Evolution:

„Wenn du herausbringst, was in dir ist, dann ist das, was in dir ist, deine Rettung. Wenn du nicht das herausbringst, was in dir ist, dann wird das, was in dir ist, dich zerstören."

(Gnostische Evangelien)

- Stadium 3: Das Leben passiert in mir (Schöpfer)

In diesem Stadium beginnt das Individuum, die direkte Verbindung zwischen seinen eigenen Wahrnehmungen, Glaubenssätzen und emotionalen Zuständen und den Bedingungen seines Lebens, seiner Beziehungen, seiner Erfahrungen und seiner Wirklichkeit zu verstehen.

Diese Bewusstseinsstufe wird durch eine grundlegende Verschiebung, von der Machtlosigkeit zur Ermächtigung, dargestellt.

Um dieses Stadium vollständig zu vollenden, muss sich ein Individuum einem tiefen Transformationsprozess unterziehen, der das Herausspülen aller Wahrnehmungsverzerrungen (einschränkende Glaubenssysteme) und die Heilung / Freisetzung aller emotionalen Wunden und Traumata beinhaltet. Die Herausbildung des Bewusstseins in späteren Stadien wird im direkten Verhältnis zur Evolution eines Individuums durch diesen Prozess der tiefen inneren Heilung und Transformationsarbeit beobachtet.

Dominante Glaubensstrukturen:

"Ich habe die Kontrolle; Ich bin kreativ."

Nützliche psycho-spirituelle Praktiken:

"Achtsamkeit, Augenbewegungs-Desensibilisierung, Wiederaufarbeitungstherapie, emotionale Freiheitstechniken, Trauma-Freisetzungs-Übungen, Psychotherapie, Ho'oponopono, Introspektion."

Mantra für die Evolution:

"Wer nach außen schaut, träumt, wer nach innen schaut, erwacht."

(C. G. Jung)

- **Stadium 4: Das Leben passiert für mich (Empfänger)**

Auf dieser Stufe sehen wir die Entwicklung des Selbst hinein in die Anfänge der tiefen Freude und des Friedens.

Während der Widerstand gegen wahrgenommene unerwünschte Umstände im Leben wegfällt, beginnt ‚man' (ein jedes Selbst) zu begreifen, dass es in jedem Augenblick einen intelligenten „Fluss" gibt, der die Evolution des Bewusstseins sowohl auf individueller, als auch auf kollektiver Ebene führt, was in dualistischer Betrachtung als positive und negative Erfahrungen bezeichnet werden könnte.

Das Individuum erkennt hier, dass es auch während eines großen Leidens möglich ist, tiefe Weisheit und wahres Potenzial für Expansion und Evolution zu finden und dass nichts fehl am Platz ist, jemals war oder jemals sein wird.

Dominante Glaubensstrukturen:

"Ich werde geliebt; Ich werde unterstützt."

Nützliche psycho-spirituelle Praktiken:

"Alles als perfekt ansehen, Hingabe, Akzeptanz, Loslassen, Alles umarmender Fluss und Mühelosigkeit, Meditation."

Mantra für Evolution:

„Das Leben wird dir die Erfahrung geben, die für die Evolution deines Bewusstseins am hilfreichsten ist. Woher weisst du, dass dies die Erfahrung ist, die du brauchst? Weil ... das ist die Erfahrung, die du momentan hast. „

(Eckhart Tolle)

- **Stadium 5: Das Leben passiert auf Grund von mir (Philosoph)**

Auf dieser Stufe des Bewusstseins beginnt das Individuum zu verstehen und zu beobachten, dass sich das Universum auf Grund von ihnen entwickelt.

Das Individuum beginnt zu erkennen, dass alle wahrgenommenen Leiden oder negativen Ereignisse entweder:

A) in ihrer Realität durch Aspekte ihres eigenen Bewusstseins erschaffen oder hinein berufen werden, um sich als Teil ihrer individuellen Evolution und als Teil der größeren kollektiven Evolution zu lösen und diese zu transzendieren ...

B) aufgrund ihres bewussten oder unbewussten Widerstandes gegenüber dem besteht, was sich entfaltet, was im Wesentlichen ein Widerstand gegen sich selbst ist.

Individuen in Stufe 5 leben mehr durch ihre Intuition, da die Intuition klarer und reiner wird, sobald man sich aufwärts in den Stufen bewegt.

Dominante Glaubensstrukturen:

"Ich bin sicher. Alles ist perfekt."

Nützliche psycho-spirituelle Praktiken:

"Intuitive Entwicklung, Kinesiologie."

Mantra für Evolution:

„Alles im Universum ist innerhalb von dir. Erfrage alles in dir selbst." (Rumi)

- Stadium 6: Das Leben Bin Ich (Weiser)

In diesem Stadium des Bewusstseins beginnt das Individuum zu verstehen, dass die Realität nicht unabhängig vom Bewusstsein existiert und daher das Bewusstsein oder das Gewahrsein, wenn Sie das vorziehen, die Ursachen des Universums ist und von allem, was existiert – das Bewusstsein erschafft alle Wirklichkeit.

Individuen in dieser Phase erleben ein tiefes Gefühl von Ganzheit und Einssein mit allem.

Wenn ein Individuum diese Stufe des Bewusstseins vollständig betritt und verkörpert, wird dessen einfache Präsenz zu einer transformativen Erfahrung für andere. Individuen in diesem Stadium werden oft Lehrer oder Führer, widmen ihr Leben dem Dienst an anderen oder suchen Einsamkeit, um Zeit in der Selbstbeobachtung zu verbringen, obwohl sie auch wählen können, um ganz normales und unauffälliges Leben zu leben.

Dominante Glaubensstrukturen:

"Ich bin Eins; Ich bin vollkommen."

Nützliche psycho-spirituelle Praktiken:

"Dienst, Kontemplation, Meditation."

Mantras für Evolution:

„Du bist eine Öffnung, durch die das Universum sich selbst erforscht und betrachtet."

(Alan Watts)

„Hör auf, so klein zu handeln. Du bist das Universum in ekstatischer Bewegung. „

(Rumi)

- Stadium 7: Ich Bin unendlich (Avatar)

Individuen in diesem Stadium des Wachstums beginnen, die Körperlichkeit zu transzendieren, in der wir sprichwörtlich „gefangen" sind, bis wir diesen Punkt erreichen.

Hier beginnen die Individuen, sich eine bewusste Kontrolle über diesen Prozess nutzbar zu machen, indem sie ihr Bewusstsein so ausrichten (durch Emotionen, Gedanken, Visualisierung, Manipulation von Energie, Absicht, auf transpersonale Aspekte des Selbst zugreifend und wahrscheinlich noch anderer Mechanismen, die noch nicht entdeckt wurden), um in der Lage zu sein, diese „höhere Ordnung" quanten-transpersonaler Fähigkeiten des Selbst zu nutzen.

Individuen in diesem Stadium erkennen und wissen von sich, sie sind grenzenlos und befinden sich in verschiedenen Unterstufen der Verwirklichung dieser Realität über ein einfaches intellektuelles Verständnis hinaus.

Wenn sich die Individuen tiefer in diese Phase hineinbewegen, vervollständigen sie proportional die unteren Stufen, die zu einem verkörperten Vertrauen, Kraft und Wissen führen, das für alle, mit denen sie in Kontakt kommen, greifbar ist.

Dominante Glaubensstrukturen:

"Ich bin unendlich / grenzenlos; Alles ist möglich."

Nützliche psycho-spirituelle Praktiken:

"Esoterik, Visualisierung, Sound / Vibration / Mantra, Qigong, Kriya Yoga."

Mantra für die Evolution:

„Die Wirklichkeit ist nur eine Illusion, wenn auch eine sehr anhaltende."

(Albert Einstein)

➢ Stadium 8: Ich Bin Energie (mystisch-schamanisch)

Individuen in diesem Stadium zapfen Phänomene an wie:

- Die Fähigkeit, Bewusstsein über Raum und Zeit zu projizieren, was die Fähigkeit umfasst, Aspekte des Selbst in anderen Dimensionen der Zeit (Vergangenheit, Gegenwart und Zukunft) zu sehen, zu erleben und zu erinnern.

- Die Fähigkeit, mit anderen Bewusstseinsformen wie Pflanzen, Tieren, Objekten und Bewusstsein, die derzeit nicht in physischer Form existieren, zu interagieren und zu kommunizieren.

- Die Fähigkeit, intuitiv sensorische Daten über die Grenzen der physischen Sinne hinaus zu erfassen.

- Die Fähigkeit, subtile Energie zu fühlen, zu lesen, zu manipulieren und zu projizieren, die ansonsten in den unteren Ebenen der Entwicklung nicht erkennbar ist und mit gegenwärtigen wissenschaftlichen Instrumenten praktisch nicht aufzuzeichnen ist.

Diejenigen, die in der Nähe von Todeserfahrungen sind, sowie Nutzer von psychedelischen Drogen oder Pflanzenarzneimitteln (Ayahuasca, DMT, LSD, Pilze etc.), können oftmals in der Lage sein, aus erster Hand Erfahrungen aus diesem Zustand des Bewusstseins bereits in den Vorstufen vor der Entwicklung zu diesem Stadium selbst zu machen. Dies gibt ihnen einen sprichwörtlichen Vorgeschmack auf diese Wirklichkeit, ohne notwendigerweise die psychospirituale Basisarbeit erledigt zu haben, die notwendig ist, um diese Stufe organisch zu erleben. Deshalb fehlt ihnen oft ein tieferes Verständnis des größeren Rahmens dessen, was mit der Fähigkeit geschieht, sie über ein nur vorübergehendes Phänomen hinaus zu erhalten. Trotz alles dem bleiben sie durch genau diese Erfahrungen für immer verändert.

Während ein Individuum in den späteren Phasen des Stadiums 8 geerdeter wird, welches dieses dimensionale Bewusstsein umspannt, und gleichzeitig seine Entwicklung durch die niedrigeren Stufen vervollständigt, würde man theoretisch eine vollständige Erleuchtung oder eine nicht-duale Selbstverwirklichung erreichen.

Dominante Glaubensstrukturen:

"Alles ist Energie; Ich bin Bewusstsein; Wirklichkeit ist eine Illusion."

Nützliche psycho-spirituelle Praktiken:

"Energieheilung, Esoterik, Visualisierung, Kabbala, Qigong, Kriya Yoga, Meditation, Visualisierung, Remote Viewing, Astralprojektion, Telekinese."

Mantra für die Evolution:

„Wir sind keine Menschen, die eine spirituelle Erfahrung haben. Wir sind spirituelle Wesen, die eine menschliche Erfahrung haben."

(Pierre Teilhard de Chardin)

Obwohl dieses Modell bei Stadium 8 endet, bedeutet dies nicht, dass es keine weiteren Stadien gäbe, und

> noch weniger ist das Stadium 8 der Gipfel der bewussten Evolution. Jedoch erscheinen jegliche Behauptungen, was jenseits des Stadiums 8 zu diesem Zeitpunkt geschieht, lediglich als Vermutung.[20]

Kommt Ihnen das eine oder andere bekannt vor? Ich hatte nichts zu diesen Bewusstseinsstufen gelesen, um so mehr verblüfft es mich, wie gut es zu meinen Überlegungen passt.

Dabei muss niemand frustriert sein, wenn er sich eher in einer niedrigen Stufe sieht, denn jede Stufe ist wichtig und richtig. Wenn ich an mein Leben zurückdenke, dann erkenne ich Zeiten und Entwicklungen für verschiedene Evolutionsstufen.

Wichtig zu verstehen ist, dass sich niemand ausschließlich in einer Bewusstseinsstufe befindet. Zum einen ist dies immer ein gleitender Übergang, zum anderen wird man an sich selber feststellen können, dass man sich gleichzeitig in verschiedenen Bewusstseinsstufen wiedererkennt. Wichtig ist, dass man sich überhaupt erkennt und bereit ist, dazu zu lernen und den nächsten Schritt zu wagen.

8.5. Was ist ein/Ihr Ego?

Das eigene Ego steht einem Menschen (ich nehme mich da keinesfalls aus) viel zu häufig im Weg. Doch was ist das Ego? Eine Definition:

[20] http://transinformation.net/die-8-stadien-der-bewussten-evolution/

> Unter Selbstwert (auch: Selbstwertgefühl, Selbstwertschätzung, Selbstachtung, Selbstvertrauen, oder unpräziser: Selbstbewusstsein, Eigenwert, umgangssprachlich auch Ego) versteht die Psychologie die Bewertung, die man von sich selbst hat. Das kann sich auf die Persönlichkeit und die Fähigkeiten des Individuums, die Erinnerungen an die Vergangenheit und das Ich-Empfinden oder auf das Selbstempfinden beziehen. Unterschieden wird nicht nur, ob der Selbstwert einer Person hoch oder niedrig ist, sondern auch ob er stabil oder instabil, kontingent oder nicht-kontingent, explizit (bewusst kognitiv) oder implizit (unbewusst affektiv erfahrungsbedingt), sicher oder fragil ist. Laut Leary und Mitarbeitern dient der Selbstwert als ein Indikatior für die soziale Integration eines Menschen (Soziometer-Theorie). Nach dem kognitiven Modell von Aaron T. Beck wird der Selbstwert auch stark von Denkprozessen (Grundannahmen, automatische Gedanken, verzerrte Informationsverarbeitung) beeinflusst.[21]

Gemäß dieser Darstellung ist das Ego etwas, was außerhalb des Ganzen steht. Je stärker das Ego, desto mehr sieht sich der Mensch getrennt von allem anderen. Das Ego steht also der Wahrheit im Wege und separiert die Seele von allen anderen Seelen und somit weg vom göttlichen Einssein. Je mehr man es vermag, sein Ego zurück zu nehmen und sich nicht gegenüber anderen Menschen und „Dingen" zu über-

[21] https://de.wikipedia.org/wiki/Selbstwert

höhen, desto schneller wird man auf dem Weg zum eigentlichen Ziel des Lebens finden. Erkennen Sie Ihr Ego und geben Sie ihm keine Macht über sich (Ihre Seele und Ihren Sinn des Lebens).

Dieses Denken ist auch für das Siegersystem von Bedeutung. Es ist meine feste Überzeugung, dass den Menschen oftmals das eigene Ego im Weg steht, weil man sich dadurch "wichtiger nimmt" und die Wahrheit nicht "sieht". Darum gehört es zu den Bausteinen des Siegersystem-Konzepts, das eigene Ego zu "erkennen" und zu "reduzieren", um in der Folge die damit verbundenen Beschränkungen zu minimieren.

Ich möchte Ihnen dies beispielhaft an einem Gleichnis erläutern:

> Drei blinde Männer waren Gäste in einem Haus und saßen um einen Tisch. Sie diskutierten darüber, welche Früchte ihnen der Gastgeber angeboten habe. Keiner von ihnen hatte diese Art von Früchten früher je gegessen oder berührt.
>
> Einer der blinden Männer sagte, dass es eine Traube sein müsse. Der andere bestand darauf, dass es eine Birne sei, während der letzte argumentierte, dass es bestimmt ein Pfirsich sein müsste.
>
> Jeder von ihnen hatte eine definitive Meinung zur Frage, weil jeder von ihnen viel über die entsprechende

Frucht studiert hatte und Geschichten über die Erfahrungen von Leuten gehört hatte, die sie aßen. So bestand jeder von ihnen darauf, dass er und er alleine die richtige Antwort haben müsse.

Der Gastgeber, der bei ihnen war und nicht blind war, schaltete sich in die Konversation ein. Er sagte ihnen, dass das, was sie gerade gegessen hatten, ein Apfel war.

Die drei blinden Männer, die nicht wussten, dass ihr Gastgeber nicht blind war, bestanden darauf, dass jeder von ihnen recht habe. Jeder versuchte so stark wie er konnte den Gastgeber zu überzeugen, dass sie Experten in diesem Thema seien, denn sie hätten sehr viel darüber gelesen.

Sie argumentierten, dass niemand einfach etwas behaupten könne, in diesem Fall über die Frucht, ohne eine wirkliche Debatte zu führen. Sie glaubten, dass jede wirkliche Meinung, die den wissenschaftlichen Fortschritt fördert, auf einer wirklichen Debatte basieren müsste.

Der Gastgeber sagte ihnen jedoch, er wolle keine Debatte führen. Er sah einfach, dass die Frucht ein Apfel war.

Als die drei blinden Männer dies hörten, hoben sie das Thema auf eine spirituelle Ebene und fragten, ob "das

Sehen" denn überhaupt existierte. Oder vielleicht hätten einige hohe und mächtige Charaktere, wie ihr Gastgeber, einfach diese Idee, um ihr Ego zu polieren.

Der Gastgeber sah sie stumm für eine Weile an. Er erkannte, dass er sie nicht überzeugen konnte, weil sie in ihrer Erkenntnisperspektive zu beschränkt waren, und verließ er das Zimmer.

Die drei blinden Männer haben ihr Ego weder erkannt, noch hinterfragt. Auf diese Weise werden sie nicht nur blind bleiben, sondern gar keine Chance haben, zu einer Erkenntnis zu gelangen. Genau diese Gefahr besteht immer, wenn man das eigene Ego und die eigene Sichtweise für "wahr" erachtet, anstatt zu erkennen, dass diese immer rein subjektive Betrachtung nie wahr sein "kann".

8.6. Funktionsweise des Unterbewussten

Das Unterbewusste ist besonders aufnahmebereit, wenn sich das Bewusstsein (alle äußeren Sinne) im Dämmermodus befindet. In diesem Zustand leistet das Bewusstsein weniger Widerstand. Für das Siegersystem sind folgende Prinzipien für die Arbeitsweise des Unterbewussten wichtig.

- Das Unterbewusste steuert Ihr autonomes Nervensystem (Herz, Kreislauf, Verdauung etc.).
- Das Unterbewusste denkt in Bildern, Metaphern, Gefühlen und Empfindungen.

- Das Unterbewusste kann weder Entscheidungen treffen, noch Vergleiche anstellen, sondern es arbeitet auf assoziativer Basis und nutzt alles „Wissen" (eigentlich besser Glauben), das man im bisherigen Leben verinnerlicht hat.

- Ihr Unterbewusstes "steuert" Sie. Immer! Und zwar auf Basis der von Ihnen gemachten Erfahrungen und unter Berücksichtigung aller Ihrer Glaubenssätze. Haben Sie Vertrauen, denn dasjenige, was Sie glauben und vertrauen, ist das, was Ihr Unterbewusstes als Wahrheit erkennt.

- Ihr Unterbewusstes arbeitet deduktiv und funktioniert nach dem Gesetz des Glaubens, verbunden mit einer Relevanzgewichtung. Es filtert und sortiert nach Relevanz, die Schlussfolgerungen und Entscheidungen werden dann vom Unterbewussten bestimmt.

- Gewohnheiten sind Folgen von unterbewussten Verankerungen. Der Mensch ist, was er denkt. Wichtig ist die emotionale Bedeutung (erhöhte Relevanz) für den Erfolg, dann steuert das Unterbewusste wie ein Navigationssystem dorthin.

- Ihre unterbewussten Überzeugungen und Glaubenssätze steuern und kontrollieren alle Ihre bewussten Handlungen. Alles, was man innerlich glaubt, wird vom Unterbewussten akzeptiert. Was man für wahr hält, wird wahr, auch die gefährlichen Lügen.

- Der Lernprozess des Unterbewussten funktioniert durch Wiederholung, dann Glauben und letztendlich Erwartung. Das, was man unterbewusst lernt, z.B. als kleines Kind, fällt immer leicht und macht keine Arbeit. Es macht dabei keinen Unterschied, ob der Lernprozess durch eine reale oder eine vorgestellte Wiederholung abläuft.

- Wer seinem Unterbewussten ein Problem zur Lösung anvertraut und dies in der festen Überzeugung tut, dass eine Antwort als Lösung folgt. wird genau dies erleben. Lernen Sie, loszulassen und zu entspannen und auf die Kraft ihres Unterbewussten zu vertrauen.

- Furcht und Anspannung sind kontraproduktiv für Ihr Unterbewusstes, denn dann erkennen Sie die Antwort nicht. Außerdem führen Ängste, "falscher" Glaube und negative Muster (Zeitung, TV, Radio) zu leidvollen Erfahrungen.

- Es gibt spirituelle Gesetze, z.B. Actio = Reactio, die immer gelten, also auch für Ihr Unterbewusstes. Das, was Sie denken und fühlen, wird sich manifestieren und geschehen. Jeder entscheidet selbst, wie er lebt bzw. welche Umstände ihn umgeben. Daraus resultiert die eigene Verantwortung.

- Erkennen Sie das Geheimnis des Lebens und nutzen Sie Ihr Unterbewusstes auf eine zielführende Weise, nämlich um Ihr Ziel zu erreichen.

Ich möchte Ihnen empfehlen, dieses Kapitel nochmal zu lesen und sich die für Sie wichtigsten Punkte auf einem Zettel zu notieren. Es ist für das Verständnis des Siegersystems wichtig, dass Sie genau wissen, wie Ihr Unterbewusstes "arbeitet" und Sie "steuert". Das Verständnis für diese Gegebenheiten erleichtert Ihnen das Akzeptieren des Siegersystem-Konzepts sehr.

8.7. Warum das Unterbewusste kein „Nein" versteht

Ein ganz wichtiger Punkt, der oftmals übersehen wird. Das Unterbewusste "denkt" in Bildern versteht deshalb keine Verneinung. Es wird sich immer mit dem Thema beschäftigen, das man ihm „anbietet". Es ist Ihnen nicht möglich, eine Aufforderung wie:

- „Rechnen Sie jetzt bitte nicht 2 + 2 = 4 nach."

zu erfüllen. Sie werden immer automatisch diese Rechenaufgabe im Kopf nachrechnen, zumindest wenn die Aufgabe für Sie nachvollziehbar ist. Noch mehr würden Sie über diese Aufgabe nachsinnen, wenn sie wie folgt lauten würde:

- „Rechnen Sie jetzt bitte nicht 2 + 2 = 5 nach."

Denn in diesem Fall würden Sie unterbewusst sofort rebellieren und den Hintersinn dieser Aufgabe eruieren wollen. Dies ist u.a. ein Geheimnis von erfolgreicher Werbung.

Würde die Frage jedoch lauten:

- „此何遽不為福乎?“

dann würde sich Ihr Unterbewusste damit nicht belasten, da die chinesischen Schriftzeichen für Sie keine Relevanz haben (dies gilt zumindest für die meisten Leser dieses Buches).

Dieser wichtige Punkt wird zu häufig übersehen oder zu wenig beachtet. Wenn Sie etwas „wollen“, dürfen Sie also nicht darüber nachdenken, was Sie „nicht wollen“, z.B.

- "Ich will keinen Stress!"

oder

- „Ich will nicht gemobbt werden!“

denn in diesen Fällen werden Sie genau das in Ihr Leben ziehen, was Sie gerade nicht wollen, nämlich Stress und Mobbing, da Ihr Unterbewusste genau mit diesen Themen „gefüttert“, also beauftragt wird.

Auch dieses Kapitel sollte unbedingt "verstanden" werden, denn die Erkenntnis, dass das Unterbewusste keine Verneinung versteht, sondern immer das 1:1 umsetzt, was es "angeboten" bekommt, ist für das Siegersystem von elementarer Bedeutung. Am besten wäre es, wenn Sie die Erkenntnis aus diesem Kapitel dadurch verinnerlichten, indem Sie "negative"

Beispielsätze aus Ihrem Leben aufschreiben und Sie positiv umformulieren.

8.8. Kann man das Unbewusstsein programmieren?

Die Frage müsste eher lauten:

➢ Kann man das Unterbewusste nicht programmieren?

Tatsächlich ist es nämlich gar nicht möglich, das Unterbewusste „nicht" zu beeinflussen. Alles, was Sie denken, fühlen und erleben, findet unweigerlich den Weg in Ihr Unterbewusstes. Und zwar alles ohne Ausnahme. Es gibt keine Möglichkeit, bewusst zu leben, ohne das Unterbewusste automatisch "mit" zu „füllen".

Bereits seit Ihrer Zeugung (bzw. sogar davor aus früheren Inkarnationen) wird Ihr Unterbewusstes mit Informationen „gefüttert". Die Frage darf also nicht lauten, ob man das Unterbewusste programmieren kann, sondern viel mehr, in welcher Form dies ggfs. gesteuert möglich ist. Darauf gehe ich in den nächsten Kapiteln näher ein.

Bereits jetzt bitte ich Sie, für sich nachdrücklich "begreiflich" zu machen, dass es keine Rolle spielt, ob Sie Ihr Unterbewusstes programmieren "wollen oder nicht", Sie tun es unweigerlich immer. Wenn Sie diese "Programmierung" sowieso nicht verhindern können, dann ist es nach meiner Überzeugung sehr sinnvoll, zu überlegen, "wie" man das eigene Unterbewusste so programmieren kann, dass das gewünschte Ergebnis herauskommt. Und genau dies ist das Ziel des Siegersystems.

8.9. Gesetz der zwanghaften Folge

Um zu verstehen, wie man das eigene Unterbewusste „zielgerichtet programmieren kann", muss man einen Punkt absolut verinnerlicht haben:

➤ Sie bekommen nicht, was Sie wollen, sondern das, was Sie denken und glauben.

Lesen Sie diesen Satz bitte mehrfach bewusst, darum wiederhole ich ihn:

➤ Sie bekommen nicht, was Sie wollen, sondern das, was Sie denken und glauben.

Und nochmals:

➤ Sie bekommen nicht, was Sie wollen, sondern das, was Sie denken und glauben.

Wenn Sie jetzt meinen, dass das nicht sein kann, weil Sie schon hundert Mal gedacht und gehofft haben, z.B. im Lotto zu gewinnen, dann fragen Sie sich bitte, ob Sie an diesen Lottogewinn wirklich geglaubt haben und keinen Fünkchen

Zweifel hatten, dass es so kommen wird. Hätten Sie Ihr Leben für diese Überzeugung auf's Spiel gesetzt oder waren Sie sich in Wirklichkeit doch nicht ganz so 100%-ig sicher.

Gleiches gilt für den Einwand, dass dieser elementar wichtige Satz nicht stimmen kann, weil Sie schon tausendfach dafür gebetet haben, dass Sie „im Geld schwimmen" und ganz sicher nie wollten, dass Sie „knapp bei Kasse" sind, aber trotzdem nicht wissen, warum der Monat noch nicht zu Ende ist, obwohl das Konto schon bei null steht?

Dann fragen Sie sich bitte, ob Sie von klein auf „gelernt" haben, dass Sie jeden Wohlstand verdient haben und dieser Wohlstand zu Ihnen gehört und passt, wie Ihre Nase und Ihre Ohren. Oder haben Sie stattdessen „Sätze gehört" wie:

- „Das Geld ist knapp, wir müssen sparen."
- „Das Geld wächst nicht auf den Bäumen."
- „Man muss sich alles hart erarbeiten."
- „Geld macht nicht glücklich."

Und vieles mehr, was in diese Richtung geht. Aber wie und warum soll das Geld zu Ihnen „fließen", wenn Sie es mit Ihren tief verwurzelten Überzeugungen „abweisen"?

Genau das gleiche gilt für Ihre Gesundheit. Haben Sie schon mal gehört?

- „Zieh Dich warm an, ansonsten erkältest Du Dich."
- „Wenn Du barfuß läufst, wirst Du krank."
- „Trockne Deine Haare, ansonsten liegst Du bald flach."

Wenn man so etwas in seinem Leben immer und immer wieder hört, dann glaubt man es ganz automatisch. Warum sollte man Sie schließlich angelogen haben.

Aber wenn man es glaubt, dann wird gemäß dem „Gesetz der zwanghaften Folge" auch genau das passieren, was Sie glauben. Sobald Sie barfuß oder mit nassen Haaren rumlaufen, fangen Sie sich eine Erkältung ein. Ihr Unterbewusstes wird schon dafür sorgen, dass Ihnen geschieht, was Sie glauben.

Zum Glück kann man sich dieses Wissens auch zunutze machen, um z.B. mit Hilfe des Siegersystems die eigenen Überzeugungen so zu "steuern", dass sich nicht das manifestiert, was Sie insgeheim entgegen Ihren Wünschen glauben und fühlen, sondern dass sich Ihr Glauben und Fühlen Ihren Wünschen annähern.

8.10. Was ist Ihnen wichtig?

Als erstes ist es ganz sicher wichtig, zu wissen, was man wirklich will. Auch diesen Satz möchte ich nochmal wiederholen:

- Sie müssen wissen, was Sie wirklich wollen.

Dabei geht es nicht um Banalitäten wie „Ich wäre gerne reich" oder „Ich würde gerne einen Aston Martin fahren" usw., sondern um die essentielle Frage: „Was wollen Sie wirklich–wirklich–wirklich–wirklich?

Diese Frage muss jeder für sich selbst beantworten. Eine Möglichkeit, diese Frage für sich selbst zu beantworten, ist meine „Relevanz-Pyramide".

Schreiben Sie sich auf, was Sie „alles" wollen. Alles, was Ihnen einfällt. An dieser Liste werden Sie sicher ein paar Stunden sitzen müssen, weil Ihnen immer wieder etwas einfallen wird, an das Sie nicht sofort denken, was Ihnen aber beim Nachdenken, ggfs. in einer meditativen Phase, bewusst wird.

Diese „Wünsche" schreiben Sie auf kleine Zettel, auf jeden Zettel einen Wunsch. Vielleicht haben Sie dann hundert kleine Zettel mit jeweils einem Wunsch?

Nun legen Sie jeweils zwei Wünsche nebeneinander und fühlen in sich hinein, was Ihnen wirklich wichtig davon ist. Den wichtigeren Wunsch legen Sie nach oben in Ihre gedachte Pyramide, den weniger wichtigen Wunsch eine Stufe tiefer.

So gehen Sie mit jedem Wunsch vor. Die jeweils wichtigeren Wünsche legen Sie weiter nach oben, die etwas weniger wichtigen Wünsche weiter nach unten. Wenn Ihnen Wünsche gleich wichtig sind, legen Sie diese Zettel nebeneinander hin.

Sie werden nach einiger Zeit, vielleicht sitzen Sie sogar Stunden an diesen Gegenüberstellungen, eine Relevanz-Pyramide erhalten. Das, was Ihnen wirklich–wirklich–wirklich wichtig ist, steht ganz oben. Die nun offenbar etwas weniger wichtigen Wünsche eine Stufe oder auch zwei Stufen darunter. Und die Wünsche, die Sie anfänglich als ebenfalls wichtig erachtet hatten, finden sich plötzlich in den unteren Reihen wieder.

Sie werden feststellen, dass die Verteilung Ihrer Wunsch-Relevanz dem Bild einer Pyramide ähnelt. Ganz oben ist der zentrale Wunsch Ihres Lebens, z.B. Ihre Lebensbestimmung zu erkennen, und darunter finden sich abgestuft immer mehr Zettel, je weniger relevant diese Wünsche für Sie sind. Und womöglich ist das, was Ihnen spontan als erstes eingefallen ist, in Wirklichkeit eher unwichtig, z.B. ein neues Auto.

Diese Relevanz-Pyramide ist für das Siegersystem-Konzept deshalb von Bedeutung, weil es Ihnen hilft, Wichtiges von Unwichtigem zu separieren und die Punkte in den Mittelpunkt Ihres Interesses zu rücken, die Ihnen wirklich-wirklich-wirklich wichtig sind.

Wenn Sie nun wissen, was Ihnen wirklich wichtig ist, kann der nächste Schritt folgen.

8.11. Was und wie sollten Sie denken?

Wenn Sie nun wissen, was Ihnen wichtig ist, ist der nächste Schritt, zu überlegen, was und wie Sie denken sollten, um Ihre Wünsche für sich zu manifestieren, also in Ihr Leben zu ziehen.

- Der erste zentrale Punkt ist, dass Sie Ihren Wunsch positiv formulieren müssen. Es geht darum, was Sie wollen, und nicht darum, was Sie nicht wollen.

- Der zweite zentrale Punkt ist, dass Sie diesen Wunsch glauben und verinnerlichen müssen, also absolut kein Zweifel mehr in Ihrem Unterbewussten bestehen darf, dass Sie die Erfüllung dieses Wunsches verdient haben und er sich erfüllen wird.

- Und als dritten zentralen Punkt müssen Sie diesen Gedanken pflegen. Ein Gedanke ist wie ein Same, der genährt werden muss. Steter Tropfen höhlt den Stein. Wenn Ihr Wunsch in Wirklichkeit nur eine geringe Relevanz besitzt, wird er vom Unterbewussten hintenan gehängt und erst „bearbeitet", sobald sich die Wichtigkeit erhöht hat.

Da Sie Ihr Unterbewusstes nicht direkt programmieren können, gibt es für Sie nur einen Weg, diese Programmierung trotzdem erfolgreich und zielführend vorzunehmen:

- Kümmern Sie sich nicht um Ihr Unterbewusstes, sondern um Ihr Denken.

Wie man es schafft, sich immer mehr auf sein Denken zu konzentrieren und den Fokus beizubehalten, ist Teil des Siegersystem-Konzepts. Ich selbst affirmiere z.B. jeden Tag vielfach die für mich wichtigsten "Bausteine meiner Wünsche". Eine Reihe von Tipps und Handlungsempfehlungen finden Sie selbstverständlich im weiteren Verlauf dieses Buches.

9. Körper und Unterbewusstes

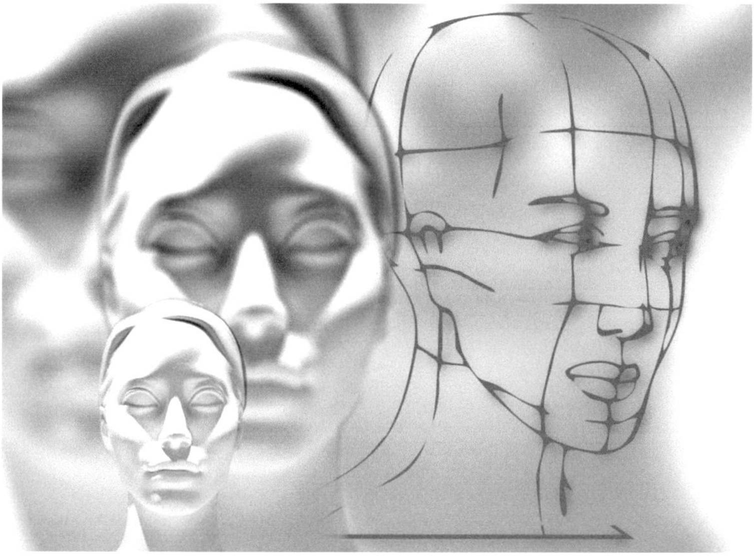

9.1. Wer heilt Körper und Seele?

Was tun Sie, wenn Sie sich krank fühlen? Gehen Sie zum Arzt und übertragen diesem die Aufgabe "Machen Sie mich gesund."? Was würden Sie denken, wenn ich Ihnen erklären würde, dass kein Arzt der Welt Sie "heilen" kann?

Kein Mediziner wird Ihnen jemals erklären, dass er Sie geheilt hat. Das, was ein Arzt, Homöopath, Geistheiler usw. machen kann, ist, die Heilkraft Ihres Körpers zu unterstützen. Nicht mehr. Ihr Körper heilt sich immer selbst, äußere Einflüsse können dies nur positiv begleiten.

So, wie Sie inzwischen wissen, dass Sie die Verantwortung für alles, was sich in Ihrem Leben manifestiert, tragen, gilt dies ganz genauso für Ihren Körper, falls nicht physiologische Überforderungen, z.B. ein Unfall, Vergiftungen, Herbizide, Fungizide, Elektrosmog, genmanipulierte Nahrung etc., Ihren Körper schwächen. Warum sollte das Gesetz des Denkens, Fühlens und Glaubens nur für Ihre äußeren Lebensumstände gelten, nicht jedoch für Ihren "Bio-Anzug"?

Der menschliche Körper ist ein "Wunderwerk der Naturtechnik". Er kann sich auf wundersame Weise selbst "reparieren", solange man ihn lässt. Das Unterbewusste wird neues Wissen und neue Erkenntnisse nutzen, sobald diese nützlich sind und benötigt werden, um Genesung und Gesundung voranzutreiben. Man muss im Normalfall nur den Körper die Arbeit erledigen lassen, soweit nicht akute Umstände ein Eingreifen nötig machen. Darum heißt es ganz zurecht:

- "Medicus curat, natura sanat."

Für die Gesundung bzw. Heilung des Körpers hat Paracelsus den wichtigsten Baustein erkannt:

- "Der Hauptgrund für Heilung ist Liebe."

Die Macht der Liebe, auch physische Veränderungen zu bewirken, ist unglaublich. Es gibt hierzu unzählige Geschichten, Sagen und Märchen, aber auch tagtägliche Erfahrungen (z.B. Schmetterlinge im Bauch, Herzklopfen). Warum sollte die Liebe nicht dazu beitragen, dass positive Rahmenbedingungen für eine Gesundung geschaffen werden?

Für das Konzept des Siegersystems gehe ich noch einen Schritt weiter. Alles, was mit Liebe und Vertrauen betrachtet wird, wird verstärkt. Das beschränkt sich keineswegs auf die Gesundheit bzw. unseren "Bio-Anzug", sondern gilt gleichermaßen für unsere über unseren "Bio-Anzug" hinausgehende Umwelt bzw. unser "wahrgenommene Realität". Warum sollte das Gesetz des Denkens, Glaubens, Fühlen und Vertrauens auf unsere Gesundheit und unseren "Bio-Anzug" beschränkt sein?

9.2. Appell

Die Kernfrage ist, wie man nicht nur die Heilkraft des Körpers, sondern unser komplettes Leben und Erleben zum "Guten" beeinflussen kann? Dass dies durch positive Gedanken und das feste Vertrauen auf das gewünschte Ergebnis möglich ist, steht für mich außer Frage. Allerdings reicht dies nach meiner Erfahrung nicht aus. Entscheidend ist, die Ursache und den Auslöser eines diesem Ziel entgegen stehenden Glaubenssatzes herauszufinden und aufzulösen. Wie man dies schaffen kann, dazu komme ich im weiteren Verlauf des Buches.

Trotzdem kann man die Zielerreichung auch ohne das Wissen um die Ursache eines Hindernisses unterstützen. Hierfür gibt es eine Reihe von Ansatzpunkten in Form einer Geist-Körper-Programmierung, z.B.

- Nutzen Sie die positive Kraft der Gedanken, denn alles geschieht durch Resonanz mit positiven Gedanken und daraus folgend positiven Gefühlen. Krankheit und Misserfolg kann es nur außerhalb der Balance geben, d.h. in einem Ungleichgewicht. Hören Sie in sich hinein, was nicht stimmt. Hören Sie auf die Antwort Ihres Unterbewussten.

- Eine glückliche Stimmung führt zu glücklichen Gedanken. Danken Sie für all das Positive, was auf Sie noch wartet. Danken Sie für das Gefühl von Hoffnung, Kraft und Erfolg.

- Schicken Sie einen Hinweis an Ihr Unterbewusstes, dass Sie Ihre Verantwortung für Ihren Erfolg anerkennen und fordern Sie Ihr Unterbewusstes auf, alles zu unternehmen, um die positiven Resultate voran zu treiben.

- Stellen Sie sich Ihr Wunsch- und Glaubenssystem als starken und praktisch unüberwindlichen Superhelden vor, der jedem Widersacher (negative Gedanken, Neid, Missgunst etc.) gewachsen ist und ihn besiegen wird.

- Stellen Sie sich Ihre Gedanken und Gefühle bildhaft vor und lassen Sie negative Gedanken und Gefühle von Ihrem Erfolgsgedankensystem (Müllabfuhr) abholen (z.B. durch Schwitzen) oder Ihre innere Feuerwehr spritzt bildhaft Blätter (negative Gedanken und Gefühle) weg.

9.3. Körperreisen

Ein sehr effektives Hilfsmittel bei dem Ziel, den Körper bei der Heilung zu unterstützen, kann es sein, Körperreisen zu unternehmen. Eine solche Reise ist vergleichbar mit einer Meditation, nur dass Sie sich weniger auf Ihren Atem o.ä. konzentrieren, sondern sich in einer tiefen Entspannung auf eine Gedankenreise durch Ihren Körper machen.

Auch bei dem Konzept des Siegersystems können Körperreisen zum Erfolg beitragen. Sehr häufig, um nicht zu sagen fast immer, fühlt man "Baustellen" und "Blockaden" irgendwo im Körper. Negative Gedanken und Gefühle, die einem Erfolg im Wege stehen, können nach meiner Erfahrung fast immer körperlich "festgemacht" werden, d.h. man spürt, wo sich ein Gedanke oder ein Gefühl im Körper "aufhält".

Wenn man somit in der Lage ist, einen negativen Gedanken oder ein negatives Gefühl im Körper zu verorten, dann ist es nach meiner Erfahrung auch möglich, sich gedanklich an diese Stelle im Körper zu begeben, also eine gedankliche Körperreise zu unternehmen, um sich "vor Ort" die Situation, die mit diesen negativen Gedanken und Gefühlen zusammenhängt, "anzusehen" bzw. besser, diese "Bauchgefühle" bzw. "körperlichen Begleiterscheinungen" detailliert zu betrachten und zu analysieren, um sie bewusst wahrzunehmen und im zweiten Schritt "verabschieden" zu können.

Legen Sie sich entspannt hin, sorgen Sie für Ruhe und eine entspannte Atmosphäre und beginnen Sie, in Gedanken von Kopf bis Fuß Ihren Körper zu "durchschwimmen" oder zu "durchwandern". "Schauen" Sie sich in Gedanken alle Organe, Arterien, Venen, Nerven usw. in Ruhe an und warten Sie auf Bilder Ihres Unterbewussten. Sie werden, je öfter Sie diese Körperreisen unternehmen, immer konkretere Hinweise Ihres Unterbewussten erhalten, an welchen Stellen "etwas nicht stimmt" bzw. welche Körperstellen mit Ihren Gedanken und Gefühlen resonieren.

Nach Ihrer Körperreise machen Sie sich bitte Notizen zu allem, was Sie "gesehen" haben bzw. zu den Bildern, die Ihnen Ihr Unterbewusstes geschickt hat. Beschreiben Sie das "Gesehene" und Gefühlte so genau wie möglich und heften Sie sich Ihre Notizen für eine spätere Überprüfung ab.

Diese Körperreisen gehören bei mir zum Standardvorgehen bei einem Coaching oder einer Therapie, falls körperliche Beschwerden bestehen. Aber auch für das Siegersystem-Konzept sind diese Körperreisen außerordentlich hilfreich. Ich komme darauf später noch zu sprechen.

9.4. Kann man sich gesund und glücklich denken?

Was meinen Sie? Kann man sich gesund und glücklich denken? Nachdem, was Sie bisher in diesem Buch gelesen haben, müsste Ihre Antwort spontan "Selbstverständlich" lauten. Ich halte es gleichfalls wie eine berühmte junge Dame, die von Astrid Lindgren erdacht wurde, mit der Überzeugung:

> 2 x 3 macht 4
> Widdewiddewitt und Drei macht Neune!!

Ich mach' mir die Welt
Widdewidde wie sie mir gefällt ....

Hey - Pippi Langstrumpf
trallari trallahey tralla hoppsasa
Hey - Pippi Langstrumpf,
die macht, was ihr gefällt.

Inger Nilsson als Pippi Langstrumpf

Egal, was Pippi Langstrumpf auch widerfahren sein mag, sie hat die Welt aus ihrer persönlichen Perspektive immer positiv gesehen und sich nie unterkriegen lassen. Gerade diese Zuversicht und Gelassenheit, egal was kommen mag, ist das, was ich an der Figur "Pippi Langstrumpf" am höchsten einschätze, ja sogar bewundere. Daran sollte sich jeder ein Beispiel nehmen, das tägliche Glück erkennen und die Welt sehen, wie sie einem am besten gefällt. Wer das schafft, kann nur ein "Sieger" sein.

Letztendlich sollte sich jeder bewusst machen, dass das Leben immer irreal ist, d.h. es gibt nur subjektiv "gefärbte" Sichtweisen und niemals eine objektive Wahrheit. Schon gar nicht kann man in einem konkreten Moment die allumfassenden Hintergründe und Auswirkungen mitsamt aller positiven und negativen Seiten einer Situation einschätzen. Tatsächlich gibt es noch nicht einmal positive oder negative Begleitumstände, sondern alles ist nur so, wie es ist. Ob irgendetwas davon irgendwann mal als positiv oder negativ angesehen wird, hängt von einem "Ergebnis" ab, das erst viel später einen erneut subjektiv gefärbten Rückblick ermöglicht.

Wenn man jedoch in einer Situation überhaupt nicht abzusehen vermag, ob eine "Situation" irgendwann mal als positiv oder negativ eingeschätzt werden wird, dann erscheint es mir viel sinnvoller und zielführender, jede Situation, auch wenn sie sich in diesem konkreten Moment als wenig angenehm darstellt, als "möglicherweise positiv und genau richtig" anzunehmen und dankbar dafür zu sein. Ich habe es zumindest in meinem Leben und bei allen Coachings und Therapien immer erleben dürfen, dass sich eine anfänglich als negativ empfundene Situation später ein großer Glücksfall entpuppt hat. Dieses "veränderte Denken" war u.a. ein wichtiger Schritt zur Entwicklung des Siegersystems.

Darum empfehle ich Ihnen:

- Nehmen Sie alles von der leichten Seite und bedanken Sie sich für alles, was Sie erleben "dürfen", denn erst im Rückblick werden Sie erkennen können, wie wertvoll gerade diese Erfahrung für Sie gewesen ist. Also denken Sie sich glücklich, denn alles andere ist viel anstrengender und weniger angenehm.

Ich möchte an dieser Stelle einen Liedtext zitieren. Und zwar aus einem Film, den ich als Jugendlicher geliebt habe: "Das Leben des Brian". Ich führe der Einfachheit halber nur die deutsche Übersetzung auf:

Nimm´s nicht so schwer, Brian! Weißt du, was sie sagen?
Einige Dinge im Leben sind schlecht,
Sie können dich wirklich verrückt machen.
Andere Dinge lassen dich schimpfen und fluchen,
wenn du am Knorpel des Lebens zu kauen hast.
Moser nicht, fang an zu pfeifen,
und das hilft dir, das Beste draus zu machen
Und schau immer auf die fröhliche Seite des Lebens,
schau immer auf die helle Seite des Lebens.

Wenn das Leben halb verfault scheint,
dann gibt es etwas, das du vergessen hast,
das ist zu lachen und zu lächeln, zu tanzen und zu singen.
Wenn du dich fühlst, als lägst du schon auf der Müllkippe,
dann sei kein dummer Trottel.
Spitz deine Lippen und pfeif, das ist der Trick!
Und schaue immer auf die helle Seite des Lebens.
Komm schon!

> Schaue immer auf die richtige Seite des Lebens.
>
> Denn das Leben ist ziemlich absurd und der Tod hat das letzte Wort.
> Du musst immer mit einer Verbeugung vor den letzten Vorhang treten.
> Denk nicht an deine Sünden, zeig den Zuschauern ein Grinsen.
> Genieß es, es ist so wie so deine letzte Chance.
>
> Also, immer auf die fröhliche Seite des Todes schauen, auch kurz bevor du den letzten Atemzug machst
>
> Das Leben ist ein Stück Scheiße, wenn man es so betrachtet.
> Das Leben ist ein Lacher und Tod, der ist ein Kracher, wirklich wahr.
> Du wirst sehen, es ist alles nur eine Show. Lass sie lachen, wenn du gehst.
> Denk daran, dass der letzte Lacher du selber bist.
>
> Und immer die fröhliche Seite des Lebens betrachten.
> Immer auf die richtige Seite des Lebens schauen.
> Komm Brian, mach mal ein fröhliches Gesicht!

Dass die Empfehlung "Immer die fröhliche Seite des Lebens betrachten." nicht in jeder Situation leicht umzusetzen ist, ist mir klar, aber man kann es lernen, genauso wie man lernen kann, Vertrauen statt Angst zu haben, sowie Schuldgefühle aufzulösen und Schamgefühle zu substituieren. Wie dies gemäß meiner Vorgehensweise mit Hilfe eines Coachings oder einer Therapie machbar ist, erläutere ich u.a. in meiner Trilogie zur Omniatherapie, dies ist aber auch für das Siegersystem von Bedeutung.

9.5. Positive Psychologie

In der Wissenschaft spricht man nicht mehr von "positivem Denken", sondern von "positiver Psychologie".

> Der Begriff "Positive Psychologie" wurde 1954 von dem US-amerikanischen Psychologen Abraham Maslow eingeführt und in den 1990er Jahren von dem US-amerikanischen Psychologen Martin Seligman wieder aufgegriffen.
>
> Im Gegensatz zur traditionellen defizitorientierten Psychologie befasst sich die Positive Psychologie mit den positiven Aspekten des Menschseins, so werden etwa Glück, Optimismus, Geborgenheit, Vertrauen, individuelle Stärken, Verzeihen (Vergebung) oder auch Solidarität behandelt. Inzwischen benennt der Begriff eine Strömung (möglicherweise eine Schule) innerhalb der Psychologie.
>
> Im US-amerikanischen und angelsächsischen Raum spielen Charakterstärken bzw. Tugenden (virtues) eine bedeutende Rolle in der Forschung zur Positiven Psychologie. Christopher Peterson und Martin Seligman unterscheiden sechs Tugenden, denen insgesamt 24 Charakterstärken zugeordnet sind:

- Weisheit und Wissen (kognitive Stärken): Kreativität, Neugier, Aufgeschlossenheit, Lernfreude, Perspektive

- Courage (emotional Stärken): Tapferkeit, Beharrlichkeit, Integrität, Vitalität

- Menschlichkeit (interpersonale Stärken): Liebe, Freundlichkeit, soziale Intelligenz

- Gerechtigkeit (zivile Stärken): soziale Verantwortung, Fairness, Führungsstärke

- Mäßigung (Stärken, die gegen Exzesse schützen): Vergeben und Mitleid, Demut und Bescheidenheit, Besonnenheit, Selbstregulation

- Transzendenz (spirituelle Stärken, die mit Bedeutsamkeit zu tun haben): Wertschätzung von Schönheit und Exzellenz, Dankbarkeit, Hoffnung, Humor, Spiritualität.

Park, Peterson und Seligman führten zahlreiche empirische Studien in Verbindung mit der Identifikation menschlicher Charakterstärken durch. Auch in der kontinental-europäischen Forschung zur Positiven Psychologie im Bildungskontext spielen Kernqualitäten eine wichtige Rolle, beispielsweise in Untersuchungen zur Förderung der persönlichen Fähigkeiten von Menschen durch positive Aktivitäten.

> Seit der Begründung der Positiven Psychologie macht sich auch die Unternehmenspraxis deren Erkenntnisse zunutze, beispielsweise in Form des Positive Leadership-Konzepts im angelsächsischen Raum. Erziehung und Bildung sind weitere Anwendungsbereiche, in denen die Positive Psychologie zunehmend an Bedeutung gewinnt.[22]

Die Positive Psychologie spielt bei meinen Coachings und Therapien eine zentrale Rolle, da, wie schon dargelegt, alles "drei Seiten" hat, also unter mehreren Blickwinkeln betrachtet werden kann, sowie in jeder Situation bzw. jede Erfahrung auch positive Aspekte beinhaltet, die man aber ggfs. nicht sofort als Beteiligter erkennen kann. Diese Sichtweise ist auch für das Siegersystem von grundlegender Bedeutung.

9.6. Lachen statt weinen

Jeder Mensch hat Situationen erlebt, in denen er von Herzen weinen musste. Dies ist auch gut so. So ist es z.B. wichtig, trauern zu können, wenn ein entsprechender Anlass gegeben ist, z.B. der Tod eines nahen Verwandten oder Freundes.

Daneben gibt es aber viele Situationen, in denen man das Gefühl hat, weinen zu wollen oder zu müssen, ohne zu wissen, warum überhaupt. Für diese Fälle empfehle ich ein bewusstes Umprogrammieren, indem man sich Situationen ins

[22] https://de.wikipedia.org/wiki/Positive_Psychologie

Gedächtnis ruft oder ansieht, z.B. durch das Anklicken lustiger Youtube-Videos, die sofort zum Lachen animieren. Je herzhafter das Lachen, desto besser. Am besten sollte man versuchen, vor Lachen zu weinen, denn jede Träne, die man vor Lachen vergießt, kann man nicht mehr auf Grund einer tiefen Niedergeschlagenheit weinen.

9.7. Richtig fokussieren

Ein wichtiger Schritt, um das in sein Leben zu ziehen, was man wirklich erleben möchte, ist es, sich bewusst richtig zu fokussieren. Ein Beispiel aus dem täglichen Leben, das jeder Autofahrer kennt:

- Man darf beim Überholen in einer Autobahnbaustelle auf keinen Fall den zu überholenden LKW im Fokus haben, sondern man sollte stur geradeaus dahin schauen, wohin man fahren möchte.

Wissen Sie, warum diese Vorgehensweise wichtig ist? Ganz einfach, weil Sie automatisch in die Richtung fahren, in die Sie gucken. Und wenn Sie auf den zu überholenden LKW schauen, dann dürfen Sie sich nicht wundern, wenn Sie diesem LKW mit Ihrem Fahrzeug bedrohlich nahe kommen.

Das gleiche gilt für Ihr Denken. Wenn Sie darüber nachdenken, was Sie nicht möchten, dann dürfen Sie sich gleichfalls nicht wundern, wenn Sie genau das Nichtgewünschte in Ihre Realität ziehen und erleben.

Das Siegersystem-Konzept hilft Ihnen, Ihre Gedanken zu kontrollieren und sich auf das Gewünschte zu fokussieren, damit Sie das erreichen, was Sie tatsächlich wollen.

10. Was ist „Denken"?

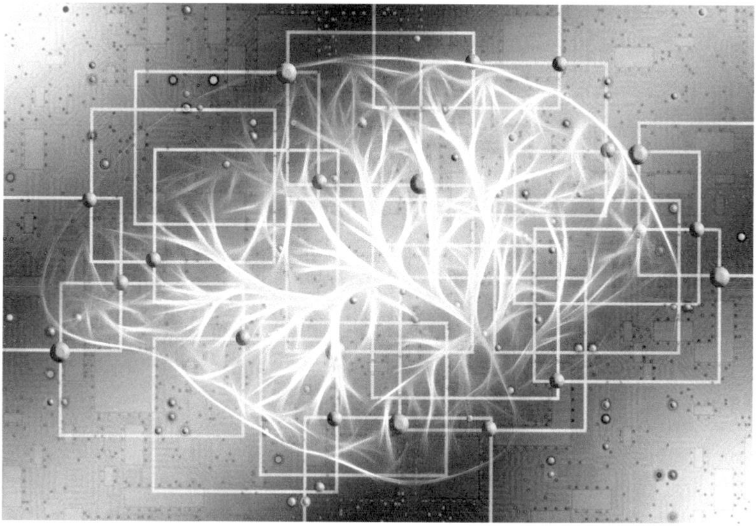

Für das Siegersystem-Konzept ist es unabdingbar notwendig, zu verstehen, was "denken" überhaupt ist, deshalb übernehme ich Teile aus dem vorherigen Buch und ergänze es mit Erläuterungen, die zum Verständnis des Siegersystem-Konzepts beitragen.

10.1. Was versteht man eigentlich unter "Denken"?

Unter Denken werden alle Vorgänge zusammengefasst, die aus einer inneren Beschäftigung mit Vorstellungen, Erinnerungen und Begriffen eine Erkenntnis zu formen versuchen. Bewusst werden dabei meist nur die Endprodukte des Denkens, nicht die Denkprozesse, die sie hervorbringen. Introspektive Vermutungen – Lautes Denken – sind jedoch sehr unzuverlässig.

Denken wird allgemein von Wahrnehmung und Intuition unterschieden. Dies wird in der Regel damit begründet, dass Wahrnehmung und Intuition unbegrifflich seien, Gedanken jedoch als begrifflich oder propositional aufgefasst werden. Denken kann auf einem Einfall basieren, spontan durch Gefühle, Situationen, Sinneseindrücke oder Personen ausgelöst werden, oder es wird abstrakt-konstruktiv entwickelt.

Automatisches Denken, das unbewusst, absichtslos, unwillkürlich und mühelos abläuft, kann unterschieden werden von kontrolliertem Denken, das bewusst, absichtlich, freiwillig und aufwendig ist.

Die Umgangssprache zeigt Denken sowohl in der aktiven Form: „Ich denke" als auch in einer passiven, wahrnehmenden: „Ich habe einen Gedanken / eine Idee / eine Vorstellung". Daniel Kahneman unterscheidet ebenfalls ein „System 1", das automatisch und schnell, mit geringer oder keiner Anstrengung und ohne bewusste Kontrolle arbeitet, vom „System 2", das denjenigen mühevollen mentalen Aktivitäten, die Aufmerksamkeit erfordern, diese zuweist. Die Tätigkeiten des zweiten Systems werden häufig assoziiert mit Urheberschaft, Wahlfreiheit und Konzentration.

Wie Denken im Einzelnen geschieht, ist Forschungsgegenstand verschiedener Disziplinen. Wissenssoziologie, Ethnologie, Psychologie (insbesondere Denkpsychologie) und Kognitionswissenschaft betrachten das Denken höchst unterschiedlich. Einige versuchen, deskriptiv die vorliegenden Formen des Denkens zu beschreiben und bestimmte Muster und Heuristiken zu finden, denen das Denken von Individuen oder Gruppen im Allgemeinen, gruppenspezifisch oder im Einzelfall folgt. Diese Formen können wiederum in der Perspektive der Soziologie, der allgemeinen Psychologie, der Persönlichkeitspsychologie oder in kognitionswissenschaftlichen Modellen betrachtet werden.

Die Gehirnforschung und verwandte Fachbereiche untersuchen die psychologischen, neuronalen und biochemischen Mechanismen, die dem konkreten Vorgang des Denkens zugrunde liegen.

Erkenntnistheorie, Spieltheorie, Logik und Denkpsychologie untersuchen, welchen Regeln das Denken folgen muss, um Wahrnehmungen sinnstiftend zu verarbeiten, zu wahren Überzeugungen zu gelangen oder um korrekt Probleme zu lösen oder Schlüsse zu ziehen.[23]

[23] https://de.wikipedia.org/wiki/Denken

10.2. Sind Gedanken nur Chemie?

Sind Gedanken nur Chemie? Können dann tote Gehirne noch denken? Wie funktioniert das Denken im Gehirn? Sind Gedanken lediglich chemische oder elektrische Austauschreaktionen? Funktioniert das Denken mit Schwingungen? Gibt es Resonanzfaktoren?

Fragen über Fragen, die noch lange nicht geklärt sind und welche auch innerhalb dieses Buches keine Erklärung finden werden. Dies ist aber für das Siegersystem-Konzept auch nicht relevant. Entscheidend sind vielmehr die Auswirkungen des Denkens, sowie die Möglichkeiten, das Denken und dessen Folgen zu steuern, um das Gewollte zu erreichen bzw. zu erhalten.

10.3. Der Ursprung aller Macht ist das Wort

Ich zitiere aus Johannes 1:

1. Im Anfang war das Wort, und das Wort war bei Gott, und das Wort war Gott.
2. Im Anfang war es bei Gott.
3. Alles ist durch das Wort geworden und ohne das Wort wurde nichts, was geworden ist.

Was ist das Wort anderes als ein Gedanke? Ersetzen wir somit den Begriff "Wort" durch den Begriff "Gedanke".

1. Im Anfang war der Gedanke, und der Gedanke war bei Gott, und der Gedanke war Gott.
2. Im Anfang war er bei Gott.
3. Alles ist durch den Gedanken geworden und ohne den Gedanken wurde nichts, was geworden ist.

Fällt Ihnen etwas auf? Kommt Ihnen das bekannt vor? Schreibe ich nicht seit fast hundert Seiten (plus meine voran gegangenen Bücher) davon, dass erst der Gedanke die Realität schafft?

Jeder Mensch ist ein Schöpfer seiner eigenen Realität. Durch seine Gedanken, also sein Denken, ist jeder Mensch in der Lage, sein Leben so zu leben, wie er es will. Der Ursprung aller Macht ist immer das Wort bzw. der Gedanke. Die allermeisten Menschen haben es nur vergessen, oder es wurde ihnen "aberzogen".

Wenn jeder Mensch wüsste, dass das eigene Denken für alles, was ist, verantwortlich zeichnet, dann gäbe es keine Chance für Angst, Sorgen und negative Gefühle. Machen Sie sich bitte klar, dass nur Sie ganz alleine entscheiden, was und wie Sie denken. Nur Sie ganz alleine haben die Macht, Ihr Denken (ggfs. neu) auszurichten und Ihre Welt so zu kreieren, wie Sie dies möchten, um Ihr Leben so zu "erfahren", wie es für Sie "richtig" ist. Darum machen Sie sich unbedingt bewusst:

- Der Ursprung aller Macht ist das Wort, d.h. Ihr Gedanke ist Ihre Machtquelle. Erkennen und nutzen Sie Ihre

Macht positiv und gut. Sie ganz alleine sind mit Ihrem Denken und Fühlen der Schöpfer Ihrer Realität. Glauben und vertrauen Sie auf sich.

10.4. Was sind Denkweisen und Denkmuster?

Man bezeichnet

- als Denkweise einen einzelnen Gedankengang
- als Denkmuster einen regelmäßig in Reaktion auf eine Situation erfolgenden Gedankengang

Das heißt, eine Denkweise wird immer bezogen auf einzelne Gedanken, ein Denkmuster demgegenüber ist ein Gedankengang, der immer wiederkehrend auf eine Situation erfolgt. Ein Denkmuster geht somit über eine Denkweise hinaus.

Die „normalen" Denkweisen und -muster eines Menschen hängen von vielen Faktoren ab, u.a. der Veranlagung, der Sozialisation (Erziehung, Bildung, Umwelt), den gemachten Erfahrungen (subjektiv positiv/negativ) und der Art aller sozialen Beziehungen (Familie, Freunde, Arbeit etc.).

Da es zum Siegersystem-Konzept gehört, das eigene Denken zu kontrollieren und auszurichten, ist es auch wichtig, zu erkennen, welche Denkweisen und Denkmuster man verinnerlicht hat. Je bewusster man diese Denkweisen und Denkmuster erkennt und mit "positiven" Denkmustern und Denkweisen ersetzt, desto besser. Dies zu erlernen ist Teil des Siegersystem-Konzepts.

10.5. Welche Denkmuster gibt es?

Ich unterscheide insbesondere zwischen den Richtungen:

- problemorientiertes Denken
- lösungsorientiertes Denken

Beide Denkmuster werden bereits früh in der Kindheit "gelernt" und im Unterbewussten festgelegt. Eine nachträgliche Veränderung dauert nach meiner Erfahrung lange und bedarf einer konzentrierten Anstrengung und Selbstfokussierung.

Das problemorientierte Denken sieht in jeder Herausforderung erst einmal die Schwierigkeit, das Problem, ein Hindernis, evtl. sogar die Unmöglichkeit einer Lösung.

➤ Problemorientierung: Was fehlt? Was geht nicht?

Das lösungsorientierte Denken nimmt eine Herausforderung als Chance an, sucht sofort nach Lösungsmöglichkeiten und schafft unverzüglich Voraussetzungen für Lösungsansätze.

- Lösungsorientierung: Was hilft? Was führt zum Vertrauen?

Je lösungsorientierter man ist, desto mehr ist man bereit, auf das Machen eigener Fehler zu verzichten, sondern stattdessen von anderen zu lernen. In meinen Augen ist dieser Weg höchst sinnvoll. Was meinen Sie?

Übrigens: Das Beschreiben eines Problems verstärkt das Problem, genauso wie Selbstmitleid das negative Gefühl und damit die als negativ empfundene Situation verstärkt. Allerdings: Nicht die Deutung eines Ereignisses ist wichtig, weil eine Deutung immer subjektiv ist, sondern nur das Ereignis selbst. Diese Betrachtung von Situationen und Erlebtem muss vielfach erst gelernt werden, aber ich bin sicher, dass sich dieser Aufwand lohnt.

Ich bin absolut davon überzeugt davon, dass sich "alles findet", wenn man mutig und zuversichtlich sein wirkliches Ziel verfolgt und seinen Idealen treu bleibt. Man darf sich dabei von niemanden, z.B. von den altbekannten Bedenkenträgern, von seinem wahren Ziel abbringen lassen.

Egal welches Denkmuster vorherrscht, das Ergebnis wird das jeweilige Denkmuster bestätigen, denn:

10.6. Gedanken erschaffen Realität

Erst das, was zumindest einmal gedacht wird, kann sich in der physischen Welt manifestieren. Hätte man nicht die

Möglichkeit "gedacht", dass man mit Werkzeugen bessere Arbeitsergebnisse erzielen kann, wären weder die Entwicklung von Eisenwerkzeugen, noch alle weiteren darauf aufbauenden Werkzeugkonstruktionen möglich gewesen. Hätte man nicht die Möglichkeit von elektrischem Licht "gedacht", hätten wir heute noch keine Glühbirnen. Egal um welche Erfindung es geht, es muss erst die Möglichkeit hierfür "gedacht" worden sein.

Ich hege keinen Zweifel, dass die heutige Science-Fiction, z.B. das Beamen, der Warp-Antrieb, Zeitreisen etc. in der Zukunft machbar sein werden, ganz egal wie unmöglich vieles davon heute noch erscheinen mag. Vor 1.000 Jahren hat man es ganz sicher für völlig unmöglich gehalten, sich tagelang unter Wasser zu bewegen, über Kontinente oder in den Weltraum zu fliegen, schneller als der Schall zu sein oder weltweit in Sekunden zu kommunizieren. Heute gibt es Flugzeuge und Raumschiffe, dazu nutzt bereits fast jeder Jugendliche völlig selbstverständlich ein Smartphone und verschickt E-Mails.

Wenn man sich klarmacht, dass alles, was sich in der Realität manifestiert, zuvor "gedacht" sein muss, dann liegt der Gedankenschluss auf der Hand, dass alles, was man denkt, eine Folge hat. Jeder Gedanke ist der Ausgangspunkt für eine Gedankenwelle, die eine Resonanz sucht. Und je mehr Gedankenwellen in Resonanz sind, desto mehr wird genau dieser dazu gehörende Gedanke verstärkt. In der Physik spricht man von einer Resonanzfrequenz, wenn sich überlagernde Wellen verstärken.

Gedanken, die sich widersprechen, werden sich dementsprechend abschwächen oder sogar auslöschen. Auf Wellenüberlagerungen übertragen ist dies in der Physik ein alltägliches Phänomen und nichts Besonderes.

Wenn man nun davon ausgeht, dass erst Gedanken "gedacht" werden müssen, um in der Folge in der physischen Welt beobachtet werden zu können, dann liegt es nahe, anzunehmen, dass jeder Gedanke eine Auswirkung in der physischen Wahrnehmbarkeit hat. Es würde sich für mich zumindest nicht erschließen, warum einige Gedanken eine Folge haben sollten, andere jedoch nicht.

Was ich jedoch für naheliegend halte, ist eine Parallelität zu beobachtbaren Wellenphänomenen in der Physik, wie ich sie zuvor beschrieben habe. Ähnlich wie bei Wellen halte ich es auch bei Gedanken für absolut physikalisch, dass sich konträre Gedanken abschwächen oder aufheben und immer wieder ähnliche oder kongruente Gedanken verstärken, bis sie zu einer Manifestation in der physischen Welt führen.

Thomas Alva Edison soll mal gesagt haben:

- "Genius is one per cent inspiration, ninety-nine per cent perspiration."

Auf Deutsch:

- "Genialität ist 1 Prozent Inspiration und 99 Prozent Transpiration"

Aus meinen zuvor gemachten Überlegungen folgt automatisch diese Überlegung von Thomas Alva Edison. Denn ein Gedanke, der nur kurz gedacht und dann wieder verworfen oder mit konträren Gedanken überlagert wird, wird nicht zu einem gewünschten Ergebnis in der physischen Welt führen. Nur wenn man konsequent immer wieder das gleiche denkt und unbeirrbar sein Ziel verfolgt, wird man es auch erreichen können.

Der große Vorteil, der sich jetzt für Sie als Leser dieses Buches ergibt, ist, dass Sie es in der Hand haben, Ihr Leben neu zu gestalten. Der große Nachteil dieses neuen Wissens ist, dass Sie nun (leider) die Verantwortung für alles, was sich in Ihrem Leben manifestiert, übernehmen müssen. Die Verantwortung liegt zu 100% bei Ihnen. Es gibt keine "Schuld" im Außen, bei den Eltern, auf Grund der Herkunft, der Berufsausbildung, den Umständen usw.

Das, was Sie denken, manifestiert sich, ähnlich wie in Ghostbusters I, als Dr. Raymond „Ray" Stantz (Dan Aykroyd) an das immer liebe und nette Marshmallow-Männchen gedacht hat, als Gozer, der Vernichter, die Protagonisten aufforderte, eine Wahl für ihren "Vernichter" zu treffen.

Gozer war ganz sicher klar, dass es gar nicht möglich ist, bewusst an etwas nicht zu denken.

Ein kleines Beispiel:

➢ Denken Sie jetzt bitte nicht an den Begriff „Vornamen".

Ich kann mir nicht vorstellen, dass Sie es geschafft haben, nicht an den Begriff „Vornamen" oder sogar an einen bestimmten Vornamen zu denken.

Wenn man aber weiß, dass man nicht bewusst an etwas nicht denken kann, dann ist es aber umgekehrt völlig nachvollziehbar, dass man bewusst an etwas denken kann. Ein weiteres Beispiel:

- Statt:

  "Ich werde bei der Prüfung nicht durchfallen."

- Besser:

  "Ich werde die Prüfung bestehen."

Bei welchem "Mantra" werden Sie aller Voraussicht nach das bessere Gefühl entwickeln und positiver in die Prüfung gehen? Mit welcher gedanklichen Ausrichtung werden Sie dementsprechend eher siegreich sein?

- "Hoffentlich verlieren wir nicht."
- "Wir werden alles geben und gewinnen."

10.7. Dürfen statt müssen

Was mir immer wieder begegnet sind Gedanken wie:

- Ich muss die Kinder zum Kindergarten bringen.
- Ich muss das Essen kochen.
- Ich muss den Haushalt machen.
- Ich muss arbeiten gehen.
- Ich muss für meinen Chef Überstunden machen.
- Ich muss ... ich muss ... ich muss!

Dieses Hilfsverb "muss" ist "gefährlich". Diese vier Buchstaben führen nämlich automatisch zu einem Druckgefühl, zu Stress, zu einem Empfinden von "gejagt sein", man fühlt sich womöglich hilflos, ausgeliefert, nicht Herr seines Lebens.

Ich empfehle immer:

➢ Vergessen Sie das Wort "muss" Ersetzen Sie es zukünftig immer durch vier andere Buchstaben, nämlich "darf". Dann hört sich das oben Aufgeführte schon völlig anders an:

Also:

- Ich darf die Kinder zum Kindergarten bringen.
- Ich darf das Essen kochen.
- Ich darf den Haushalt machen.

- Ich darf arbeiten gehen.
- Ich darf für meinen Chef Überstunden machen.
- Ich darf ... ich darf ... ich darf!

Wenn Sie etwas "dürfen", haben Sie die Freiheit und die Macht, Sie sind der Herr des Geschehens, Sie entscheiden. Ist dies nicht eine viel angenehmere Perspektive und Sichtweise, als zu "müssen"?

Dabei ist das Ergebnis in beiden Fällen gleich, und auch nicht. Bei beiden Sichtweisen werden Sie die Aufgaben erledigen und zu einem Ergebnis kommen. Dieses Resultat ist somit gleich. Völlig anders sieht dies jedoch mit Ihrem Stresslevel und Ihrem Empfinden nach Erledigung dieser Aufgaben aus. In ersterem Fall werden Sie von Minute zu Minute immer mehr gestresst sein, bei der zweiten Sichtweise werden Sie sich viel eher darüber freuen, etwas getan haben zu dürfen und ein positives Ergebnis erreicht zu haben. Darum:

➢ Streichen Sie das Wort "muss" bzw. "müssen" aus Ihrem Wortschatz und disziplinieren Sie sich, nur noch von "darf" und "dürfen" zu sprechen. Je öfter Sie sich darauf fokussieren und sich diese Sichtweise bewusst aneignen, desto leichter wird es Ihnen fallen, weniger Stress und mehr Freiheit und Zufriedenheit zu empfinden.

10.8. Verbannen Sie Ihre Aufschieberitis

Aufgaben und Entscheidungen vor sich her schieben. Kennen Sie das? In der Fachsprache nennt man dies Prokrastination und hört sich irgendwie nach einem bakteriellen Infekt an. Meines Wissens wurde für das bekannte Phänomen der "Aufschieberitis" noch kein Erreger gefunden.

Eine Zwillingsstudie der Universität Colorado kommt zu dem Schluss, dass der Hang zum Aufschieben von Aufgaben genetisch bedingt ist. Eine Genmutation, die einen Dopaminmangel im Gehirn und damit geringe Motivation bewirkt, soll schuld sein.

In der Psychologie nennt man eine solche Auffälligkeit erst dann Prokrastination, wenn das Aufschieben psychische und/oder physische Beeinträchtigungen zur Folge hat. Man betrachtet dies als eine Störung der Selbstregulation. Der Betroffene vermeidet sogar kurzfristig etwas Unangenehmes auszuhalten, selbst wenn dies langfristig zum Positiven gereichen würde.

Mit einer Vermeidungsstrategie verhilft man sich zu einer kurzfristigen Belohnung und vermeidet Frustgefühle, die mit der eigentlichen Aufgabe oder Entscheidung einhergehen würden. Stattdessen müssen Ersatzhandlungen wie Kaffee trinken oder im Internet surfen dafür herhalten, dass man sich weismacht, die Zeit sinnvoll genutzt zu haben.

Das Problem ist nur, dass man sich mit dieser Aufschieberitis etwas vormacht und diese Verhaltensweise zu einem wiederkehrenden Kreislauf führt, der im eigenen Denken verankert ist. Mit einem bewussten Durchbrechen dieser Aufschieberitis verschafft man sich einen Dopamin-Schub, weil man etwas gegen seine unterbewusste, evtl. genetisch mitverursachte, Blockade getan hat. Wichtig ist, dass man sich dieses Erfolgserlebnis bewusst macht und sich selbst auf die Schulter klopft, um das eigene Glücksgefühl hervorzurufen und den Dopamin-Ausstoß zu initiieren.

- Achten Sie auf Ihr Verhalten und erkennen Sie Ihre Aufschieberitis. Überwinden Sie den Motivationsmangel und klopfen Sie sich selbst auf die Schulter, sobald Sie sich bewusst gegen das Verschieben und Abwarten entschieden haben. Belohnen Sie sich überschwänglich und feiern Sie jede Überwindung Ihrer Aufschieberitis, damit es Ihnen von Mal zu Mal leichter fällt, sich von dieser Verhaltensweise zu lösen und bewusst das Gegenteil zu tun.

10.9. Die Gedanken sind frei

Kennen Sie das folgende deutsche Volkslied?

> Die Gedanken sind frei,
> wer kann sie erraten,
> sie fliehen vorbei
> wie nächtliche Schatten.
> Kein Mensch kann sie wissen,
> kein Jäger erschießen,
> es bleibet dabei:

die Gedanken sind frei.

ch denke, was ich will,
und was mich beglücket,
doch alles in der Still,
und wie es sich schicket.
Mein Wunsch und Begehren
kann niemand verwehren,
es bleibet dabei:
die Gedanken sind frei.

Ich liebe den Wein,
mein Mädchen vor allen,
sie tut mir allein
am besten gefallen.
Ich bin nicht alleine
bei meinem Glas Weine,
mein Mädchen dabei:
die Gedanken sind frei.

Und sperrt man mich ein
im finsteren Kerker,
das alles sind rein
vergebliche Werke;
denn meine Gedanken
zerreißen die Schranken
und Mauern entzwei:
die Gedanken sind frei.

Drum will ich auf immer
den Sorgen entsagen

und will mich auch nimmer
mit Grillen mehr plagen.
Man kann ja im Herzen
stets lachen und scherzen
und denken dabei:
die Gedanken sind frei.

Volkslieder beinhalten sehr häufig kluge Weisheiten, so wie dieses alte Volkslied. Ein paar wichtige Sätze, die man sich in Ruhe vor Augen halten sollte:

- "Gedanken fliegen vorbei wie nächtliche Schatten"
- "Kein Mensch kann sie wissen, kein Jäger erschießen"
- "Mein Wunsch und Begehren kann niemand verwehren"
- "Meine Gedanken zerreißen die Schranken und Mauern entzwei"
- "Darum will ich auf immer den Sorgen entsagen"
- "und will mich auch nimmer mit Grillen (Anm. "trübe Gedanken) mehr plagen"
- "Man kann ja im Herzen stets lachen und scherzen"

Jeder Satz ist wahr und beinhaltet viel mehr, als man wahrscheinlich in der eigenen Kindheit, als man dieses Volkslied gelernt hat, darin gesehen hat.

Wenn jeder Satz wahr ist, dann spricht nichts gegen folgende Empfehlung:

- Denken Sie sich glücklich.

10.10. Manifestiert sich jeder Gedanke in der Realität?

Was würden Sie denken, wenn Ihr Denken alles sofort erschaffen würde, ähnlich wie in Ghostbusters? Nach meiner Überzeugung würde dies zu einer absoluten Katastrophe führen.

Wie oft haben Sie schon etwas gedacht, was Sie "eigentlich gar nicht so gemeint" haben, aber in der jeweiligen Situation aus einer Emotion heraus gedacht haben? Man stelle sich vor, jedes Mal, wenn Sie etwas gedacht haben, hätte sich dieser Gedanke in derselben Sekunde manifestiert, z.B. ein Wunsch oder etwas Negatives? Wie oft hätten Sie dann schon gedacht "O mein Gott, wie furchtbar, das wollte ich nicht"?

Weil Menschen so sind, wie sie sind, erscheint es mir höchst sinnvoll, die Welt nicht so konstruiert zu haben, dass sich alles, was man denkt, sofort manifestiert, sondern Gedanken erst einmal gesammelt, verstärkt, immer wieder gedacht und mit einem "Booster" verstärkt werden müssen, bevor dieser Gedanke tatsächlich Realität wird.

- Ihr "Booster" heißt "Fühlen und Glauben". Zum Glück gibt es diesen "Booster", denn er funktioniert gleichzeitig als "Polizei" und "Feuerwehr".

10.11. Die "Polizei" und die "Feuerwehr" in uns

Zum Glück für uns alle manifestiert sich nicht jeder Gedanke sofort in der Realität. Es gibt in uns eine "Polizei" und eine "Feuerwehr", die aufpassen, dass wir mit unseren Gedanken nichts "anstellen", was wir eigentlich gar nicht "wollen".

Diese "Polizei" bzw. diese "Feuerwehr" nennen wir Unterbewusstes. Das Unterbewusste nimmt zwar jeden Gedanken als wahr an, d.h. es findet weder eine Abwägung, noch eine Beurteilung, noch eine Wertung etc. statt, aber das Unterbewusste sortiert eingehende Gedanken nach Relevanz.

Wenn man etwas wirklich will, wird man den dazugehörenden Gedanken immer denken und vor allem immer nachhaltiger verinnerlichen, wodurch das Unterbewusste "weiß", dass dieser Gedanke eine höhere Relevanz innehat, als ein nur einmalig spontan gedachter Gedanke. Insofern wird der vielfach wiederholte Gedanke in der Relevanz-Pyramide weiter oben stehen und eher "abgearbeitet" werden.

Daneben kann das Unterbewusste "erkennen", ob wir einen Gedanken tatsächlich "ernst meinen" und ihn "glauben" oder ob ein Gedanke in Wirklichkeit nur ein "Theaterstück" ist, das eigentlich zu "vernachlässigen" ist, weil es dem tatsächlichen Gedankengebäude widerspricht. Ein Beispiel:

- Sie denken vorsätzlich bewusst:

  "Ich sehe toll aus und werde Miss Germany."

- Sie glauben jedoch:

  "Naja, ich sehe ganz ok aus, aber meine Problemzonen kriege ich nie in den Griff. Es wäre zu peinlich, an einer Misswahl teilzunehmen."

Halten Sie es für möglich, eine Misswahl zu gewinnen, indem Sie sich immer und immer wieder einreden, dass Sie toll aussehen und Miss Germany werden, wenn die o.a. Vorbehalte bestehen?

Die "Polizei" in Ihnen wird alles dafür tun, Sie vor negativen Erlebnissen zu bewahren, z.B. bei einer peinlichen Misswahl ausgelacht zu werden. Die "Feuerwehr" in Ihnen wird jeden Gedanken, den Sie in Richtung einer Misswahl denken, mit negativen Gefühlen sabotieren. Somit wird es auf Basis dieser Rahmenbedingungen unmöglich für Sie sein, eine Misswahl zu gewinnen.

Dass es möglich ist, seine eigenen Gedanken "positiv" auszurichten, ist unzweifelhaft. Es muss jedoch eine tiefsitzende Überzeugung dazukommen, damit Ihr Gedanke Realität werden kann. Sie können an sich selbst beobachten, ob ein Gedanke oberflächlich ist oder ob ein tiefer Glaube in diesen Gedanken damit parallel einhergeht. Sollte diese absolute Überzeugung, dass der Gedanke Realität werden kann und wird, fehlen, dann wissen Sie, dass Ihre "Polizei" und "Feuerwehr" aktiv ist. Und genau dann müssen Sie aktiv werden.

- Achten Sie, wenn Sie über etwas nachdenken oder einen Wunschgedanken hegen, darauf, was Ihnen Ihr Unterbewusstes bzw. Ihre Intuition dazu in Form eines Gefühls "zuruft". Ihre unterbewusste "Polizei" und "Feuerwehr" hat recht. Wenn Sie diese Hinweise erkennen, können Sie etwas dagegen tun. Falls Sie nicht darauf achten, sind Sie Ihren Beschränkungen durch Ihre "Polizei" und Ihre "Feuerwehr" ausgeliefert.

10.12. Blockaden

Dieses Sabotieren von bewussten Wünschen können Sie nicht bewusst abschalten. Diese dafür verantwortlichen Glaubenssätze sind tief in Ihnen, genauer in Ihrem Unterbewussten, verwurzelt und führen zu Blockaden, die Sie auch bei noch so viel "Wollen" nicht bewusst beseitigen können. Ihr Unterbewusstes tut wirklich alles, um Ihre unterbewussten Glaubenssätze und Blockaden zu bestätigen.

Blockaden sind im Grunde genommen nichts Anderes als generalisierte negative Erfahrungen, die man irgendwann, vornehmlich im Kleinkindalter, unbewusst gelernt und (leider) immer wieder bestätigt gefunden hat.

Die Angst vor Zurückweisung und "nicht ernst genommen werden" gehören zu den häufigsten Blockaden. Oftmals erkennt man Menschen, die von diesen Glaubenssätzen "befallen" sind, daran, dass sie entweder möglichst unauffällig im Hintergrund bleiben und auf keinen Fall auffallen wollen, oder sich ganz im Gegenteil laut polternd und nach Anerkennung heischend in den Vordergrund drängen und alles zurückweisen, was ihre "Führungsposition" in Frage stellen könnte.

Die Vergangenheit bzw. das unbewusste Gelernte wirkt blockierend, wo Erfahrungen als negativ empfunden wurden und deshalb nicht mit dem positiven Ziel zusammenpassen. Dieses Blockieren geschieht leider völlig automatisch, ohne dass man sich dessen überhaupt bewusst ist.

Ein Beispiel ist das als übermäßig negativ empfundene Erleben von überbordender Autorität. Wenn Autoritäten das Leben eingeschränkt haben, dann wird man unbewusst immer darauf aus sein, Autoritäten zu vermeiden, z.B. indem man selbständig wird und keinesfalls ein Angestelltendasein in Betracht zieht.

Wenn man Grenzen erlebt, auch wenn sie durch eigene Glaubenssätze oder Blockaden begründet sind, wählt man automatisch und unbewusst immer den Weg des geringsten Widerstands bei der Ausweitung empfundener Grenzen, denn die Differenz zwischen Absicht und Erfolg soll minimiert werden. Hierfür sind Entscheidungen notwendig, die das Ziel der Entfaltung erreichbar machen.

Man handelt in dem Moment, wenn man die Moglichkeit sieht, eine Beschränkung aufzuheben. Ansonsten erfolgt fast wie bei einem Autopiloten eine Neuausrichtung der Absicht, d.h. das Ziel wird verändert. Letztendlich sind eine Angst- und Blockadefreiheit immer eine Voraussetzung für gerade in diesem Moment angestrebte Erfolge.

➢ Richten Sie Ihren Autopiloten ab sofort und bewusst neu aus, um die Erreichung Ihrer Ziele durch die Auflösung von Glaubenssätzen und Blockaden zu ermöglichen. Trauen Sie sich, seien Sie der bewusste Chef Ihres Navigationssystems und handeln Sie zielorientiert.

10.13. Der Fluss des Lebens

Als weiteren Baustein für ein erfolgreiches Denken muss man berücksichtigen:

➢ Wenn man nicht im Fluss des Lebens denkt, wird das Unterbewusste für Blockaden und Widerstände sorgen.

Wenn Sie sich nicht auf "Ihrem Lebensweg" befinden, Ihrer Bestimmung folgen und das tun, was für Sie genau richtig ist, dann werden Sie keinen Erfolg haben bzw. zumindest nicht den Erfolg fühlen, den Sie fühlen könnten, wenn Sie genau Ihrer Lebensbestimmung entsprechen.

Ich bin sicher, dass jeder Mensch schon mal bewusst das Gefühl verspürt hat, in einem bestimmten Moment genau das Richtige zu tun, genau am richtigen Platz zu sein und zu wissen, dass sich genau dieser Moment zu 100% richtig anfühlt. Dieses Gefühl schafft eine tief empfundene Zufriedenheit, ein glücklich sein, ein "eins sein" mit allem, das man schwer in Worte fassen kann.

Demgegenüber wird aber, da bin ich mir gleichfalls sicher, jeder schon mal das Gefühl gehabt haben, dass sich zwar ein großer Erfolg eingestellt hat, z.B. ein Sieg bei einem Wettkampf oder es hat ein gutes Geschäft geklappt, aber trotzdem hat man damit kein gutes Gefühl in der Bauchgegend. Irgendetwas "grummelt" im Bauch, eigentlich ist man nicht glücklich und zufrieden, etwas passt nicht.

Was ist dann genau richtig für das eigene Leben und das eigene Bauchgefühl? Wie erkennt man dies? Was kann man tun, um seiner Bestimmung zu folgen? Wie lernt man, richtig zu denken, damit sich genau das manifestiert, was für das eigene Leben richtig ist und trotzdem den eigenen Wünschen entspricht?

10.14. Das Unterbewusste weiß Bescheid

Können Sie sich vorstellen, dass Sie alles Wissen schon in sich tragen? Das Wissen, was Ihre Bestimmung ist. Das Wissen, was richtig für Sie ist. Das Wissen, wie Sie Ihr Lebensziel erreichen können. Das Wissen, wo Sie ggfs. Hilfe bekommen können bzw. wie Hilfe möglich ist. Ihr Unterbewusstes behält ohne jede Anstrengung die Übersicht. Aber erst, wenn es das Unterbewusste für zielführend und sinnvoll erachtet, wird das Zielführende ins Bewusstsein kommen.

Insofern erscheint es mir extrem wichtig, die eigenen Gedanken zu sortieren, zu wissen, was die "richtigen und zielführenden" Gedanken sind und zu lernen, diese "richtigen und zielführenden" Gedanken zu denken und sich dabei zu disziplinieren.

Es ist mir völlig klar, dass dieses Unterfangen alles andere als leicht ist, da man von abertausenden Dingen abgelenkt wird. Jeden Tag muss man neuen Gedankenherausforderungen widerstehen. Man wird von Nachrichten und Informationen überflutet, ohne die wirkliche Chance zu haben, sich dagegen abzuschotten. Trotzdem bin ich davon überzeugt, dass sich jedes Bemühen lohnt.

Darum empfehle ich:

- Lesen Sie dieses Buch bitte ganz zu Ende!

10.15. Fokussierung

Genauso wenig, wie es Dunkelheit gibt, da Dunkelheit nur die Abwesenheit von Licht ist, kann man das ausmerzen, dem man widerstehen möchte, da man bei dieser Vorgehensweise genau an das denkt, was man eigentlich ausräumen möchte.

Im wahren "richtigen" Denken gibt es weder Angst, noch Verneinung. Das Universum reagiert auf alle Gedanken, auch auf die, die mit "nicht" formuliert werden. Das, was man befürchtet oder bewusst ablehnt, zieht man an. Wenn man gegen Lebensumstände ankämpft, wird man sie verstärken, da der Fokus falsch ist. Die Physik aus "Actio = Reactio" wird unbarmherzig zum nicht gewünschten Ergebnis führen.

Alles, was Sie über andere denken, erschaffen Sie (leider oder zum Glück) für sich selbst. Sie tragen die Verantwortung, aber auch die Chance in sich. Ich empfehle Ihnen deshalb:

- Nutzen Sie gegenüber allen Menschen und über alle Menschen nur noch heilsame und segnende Worte, die Wohlstand, Inspiration und Kraft bringen.

Dieser Satz wird sicher bei einigen Lesern spontan einen inneren Widerstand hervorrufen. Wie kann ich mir anmaßen, diese Empfehlung auszusprechen und tatsächlich zu "verlangen", von allen Menschen und über alle Menschen nur noch positiv zu sprechen? Soll dies auch gegenüber Verbrechern, Massenmördern, Diktatoren etc. gelten?

Die einfache Antwort lautet:

- Ja!

Denn alles, was Sie über andere denken, kommt zu Ihnen zurück. Wollen Sie, dass man positiv von Ihnen spricht oder über Sie denkt? Dann verweise ich auf meine Empfehlung, die ich physikalisch begründet habe. Wenn Sie über jemanden nicht positiv denken "können", dann sprechen Sie über diesen Menschen gar nicht. Alles Negative kommt zu Ihnen zurück, also unterlassen Sie es besser, über andere schlecht zu sprechen. Immer.

Meine Empfehlung:

- Schaffen Sie für sich eine neue Denkweise durch eine bewusste Gedankenfokussierung. Konzentrieren Sie sich auf eine bewusste Sozial- und Gedankenhygiene.

Dies kann man lernen, wie ich selbst erkennen und lernen durfte. Wie dies u.a. gehen kann, wird innerhalb des Siegersystem-Konzepts erläutert.

10.16. Ärgern Sie sich noch oder denken Sie schon?

Haben Sie Folgendes schon mal gedacht?

- Ich ärgere mich.

Haben Sie sich auch schon mal im gleichen Moment gefragt, welchen Sinn es hat, dass Sie sich selbst ärgern? Warum tun Sie das? Verschafft Ihnen dieses "sich ärgern" ein gutes Gefühl? Hat dies irgendwelche Auswirkungen auf denjenigen, der ggfs. Anlass für Ihr "sich ärgern" war?

Ich bin sicher, sobald Sie sich mit diesem "sich ärgern" befassen und dieses "sich ärgern" hinterfragen, wird Ihnen klar werden und sein, dass nichts, aber wirklich absolut nichts Sinnvolles damit in Verbindung gebracht werden kann. Es ist einfach nur unglaublich überflüssig, "sich zu ärgern".

Aber dieses "sich ärgern" ist weit verbreitet. Genauso wie andere Gefühle, die keinen Vorteil mit sich bringen, die man aber trotzdem immer wieder auch bei sich selbst feststellen kann, z.B. Wut, Enttäuschung, Neid usw. Dies alles sind Gefühle, die eine negative Reaktion in Ihrem Körper zur Folge haben, ohne dass eine Lösung damit verbunden wäre.

Was passiert z.B. beim "sich ärgern"?

1. Sie denken über etwas nach, was jemand anderes gesagt hat.

2. Sie entscheiden sich, wütend zu werden.

3. Sie reagieren.

4. Und dies nur, weil andere keinen inneren Frieden haben.

Sehen Sie jetzt noch einen Sinn im "sich ärgern"? Oder halten Sie es nun für sinnvoller und zielführender, sich beim "sich ärgern" zu hinterfragen und sich bewusst gegen das "sich ärgern" zu entscheiden?

Es gibt nämlich zwei Möglichkeiten, wie Kritik aussehen kann, nämlich berechtigt oder unberechtigt. Und auf beide Möglichkeiten kann man gelassen reagieren:

- Berechtigte Kritik

  Sehen Sie berechtigte Kritik als Hilfeversuch, und nehmen Sie es als Ansporn. Seien Sie bewusst dankbar dafür, und zeigen Sie Ihre Dankbarkeit.

- Unberechtigte Kritik

  Überlegen Sie sich, dass der Kritiker vielleicht falsche Glaubenssätze hat und sich verletzt fühlt. Zeigen Sie darum Verständnis und denken Sie bewusst positiv über ihn.

Wenn man sich diese Tatsache vor Augen führt und verinnerlicht, dann kann man eigentlich auf das nächste "sich ärgern" eigentlich nur mit einem lauten Lachen reagieren und sich wundern, dass man diese Gefühlsreaktion nicht schon viel früher durchschaut hat.

Ich bin natürlich in dieser Siegersystem-Ausrichtung nicht vollkommen, kein Mensch kann dies sein, aber ich merke, wie es mit immer leichter fällt, das Siegersystem-Konzept zu verinnerlichen und zu verfolgen, so dass ich mich selbst diszipliniere, in allen Situationen ruhig zu bleiben und meine Gedanken und Gefühle "positiv" auszurichten. Das Siegersystem ist und bleibt ein dauernder Lernprozess.

10.17. Wie kann man Gedankenhygiene lernen?

Wie bei allem, was man im Leben lernt, so gilt es auch hierbei, sich und Situationen bzw. die eigene Reaktion darauf bewusst zu hinterfragen. Eine fokussierte Gedankenhygiene kann man zum Glück genauso lernen wie eine Fremdsprache. Man muss es nur wollen ...

Ich kann Ihnen aus eigener Erfahrung sagen, dass ich mich dabei erwische, wie selbst mir diese Gefühle immer wieder bewusst werden, wobei ich jedoch inzwischen fast immer über diese Gefühle lachen kann, weil ich weiß, dass ich sie mir selbst "zuführe" und somit dafür verantwortlich bin.

Je öfter man bewusst auf diese Gefühle reagiert und sie abzuschütteln lernt, desto humoriger nimmt man solche Situationen. Ich versuche dann trotz meines widersprüchlichen Gefühls heilsame Worte zu sprechen und Positives zu denken.

➢ Konzentrierte Aufmerksamkeit auf die eigenen Gedanken und Gefühle ist der Schlüssel zum Erfolg.

Fangen Sie am besten sofort damit an. Eine Idee ist es z.B., im Haus kleine Reminder, z.B. am morgendlichen Badezimmerspiegel oder in der Küche usw., anzuheften, auf welchen z.B. steht:

- "Vorsicht - Gedankenhygiene!"
- "Ich bin zu 100% verantwortlich für mein Leben."

- "Ich denke positiv und bin offen für alles Positive."

Je bewusster Sie sich machen, neu denken zu wollen, desto selbstverständlicher wird Ihnen dies im Laufe der Zeit vorkommen und in Fleisch und Blut übergehen.

Diese Reminder und Hinweise sind Teil des Siegersystem-Konzepts, Sie werden sie im weiteren Verlauf nochmals als Baustein wiederfinden.

10.18. Wiederholung, Wiederholung, Wiederholung

Wie lernt man? Indem man einmal etwas tut, und dann klappt es? Oder indem man etwas immer und immer wieder wiederholt? Die Antwort kennen Sie.

Als Sie als kleines Kind angefangen haben, das Laufen zu erlernen, haben Sie viele Fehlversuche in Kauf genommen, ohne von Ihrem Ziel abzurücken. Warum? Weil es Ihnen unheimlich wichtig war, ein Ziel zu erreichen, z.B. ein Glas Nutella aus dem Schrank holen zu können. Sämtliche Fehlschläge waren nur Stufen auf der Leiter zum Triumph, denn letztendlich haben Sie das Laufen erlernen können.

Ähnlich verhielt es sich mit dem Erlernen Ihrer Muttersprache. Sie mussten sich nicht anstrengen, Sie hatten lediglich Ihr Ziel im Fokus, nämlich durch gesprochene Worte deutlich machen zu wollen, was Sie gerne hätten, z.B. dass man Ihnen das Glas Nutella aus dem Schrank holen möge.

Was war dabei das wichtigste, um die Hilfsmittel "laufen" und "sprechen" gelernt haben zu können? Die stetige Wiederholung! Haben wir nach dem ersten Hinfallen aufgegeben, weil das Laufen vielleicht doch nicht so leicht ist, wie es bei den Erwachsenen aussieht? Nein, natürlich nicht. Egal wie oft wir hingefallen sind, wir haben es immer weiter versucht, bis wir es konnten.

Und wie ist es später? Wie war es in der Schule? Haben Sie z.B. eine Fremdsprache gelernt, indem Sie alle Vokabeln und die Grammatik so oft wiederholt haben, bis Ihnen beides in Fleisch und Blut übergegangen ist? Oder haben Sie nur das Nötigste gemacht, um "irgendwie durchzukommen"? Wie haben Sie die Inhalte anderer Fächer gelernt, z.B. den Stoff, dem Sie wenig Interesse beigemessen haben?

Und heute? Versuchen Sie es auch immer und immer wieder, bis Sie etwas Neues gelernt haben? Oder "denken" Sie sich, dass es ausreicht, sich ein Grundwissen oder Grundkönnen, z.B. in einer Sportart, anzueignen, weil es ausreicht, dass es Spaß macht? Wie lernen Sie heute, wenn Sie etwas lernen müssen oder alternativ lernen möchten?

Meinen Kindern erklärte ich immer, dass das schwierigste am Lernen das "Lernen" ist. Wie lernt man richtig? Wie schafft man es, den Stoff, z.B. einer Prüfung, so im Gedächtnis zu verankern, dass er auf Anforderung abrufbar ist? An diesem Punkt kommen wir folgerichtig zu dem fast noch wichtigeren Punkt eines erfolgreichen Lernens, der auch für das Siegersystem von Bedeutung ist:

10.19. Die emotionale Komponente beim Lernen

Reicht es aus, etwas immer wieder und wieder zu wiederholen, um es zu verinnerlichen? Oder gibt es etwas, was für ein zielführendes Lernen mindestens genauso wichtig ist?

Bitte beachten Sie bei den Beispielen "laufen lernen" und "sprechen lernen", dass es Ihnen nicht darum ging, laufen oder sprechen zu können. Beides waren nur die notwendigen Hilfsmittel, um das erreichen zu können, was Ihnen tatsächlich wichtig war, nämlich zu einem bestimmten Punkt zu kommen, z.B. an den Schrank mit den Süßigkeiten oder zu Ihren Eltern etc., oder etwas verbal verdeutlichen zu können, z.B. dass Sie Hunger haben. Das Laufen und das Sprechen selbst waren nur die hierfür zielführenden Hilfsmittel. Das Lernen mit dem emotionalen Vorteil, nämlich selbstbestimmt Nutella aus dem Schrank holen oder die Familie um das Herausholen des Glases Nutella bitten zu können, hat das Lernen ohne jede bewusste Anstrengung leicht gemacht.

Ähnlich verhält es sich während Ihres kompletten Lebens. Wenn Sie etwas lernen "müssen", bei dem sich Ihnen der Sinn nicht erschließt, Sie also den Stoff pauken müssen, ohne einen emotionalen Nutzen zu haben, dann wird Ihnen dieses Lernen immer schwer gefallen sein bzw. es wird zumindest eine Überwindung bedeutet haben. Zwei Beispiele:

- Fahrrad fahren

  Wenn man Sie zwingt, Fahrrad fahren zu lernen, weil man so etwas einfach "können muss", dann wird dies für Sie mit einer bewussten Anstrengung verbunden gewesen sein. Möglicherweise haben Sie es sogar nur widerwillig gelernt.

  Wenn Sie ein Fahrrad benötigt haben, um z.B. einen Freund in der Nachbarsiedlung besuchen zu können, dann hat das Fahrrad fahren lernen demgegenüber völlig ohne Anstrengung und Überwindung geklappt, weil Sie den emotionalen Vorteil im Fokus hatten.

- Mathematik

  Wenn Sie von klein auf das Gefühl hatten, dass Sie jede Form von Mathematik lieben (ja, so etwas gibt es), dann wird Ihnen das Erlernen von allen mathematischen Rechenarten und Formeln leicht gefallen sein, weil Sie Ihr Ziel, Mathematiker zu werden, als Lebensziel kannten.

  Wenn Sie jedoch jedes Addieren, Subtrahieren, Multiplizieren oder Dividieren gehasst haben, weil Sie den Sinn dieser Rechenoperationen für Ihr Leben nicht gesehen haben, dann werden Sie spätestens bei der Infinitesimalrechnung "die Segel gestrichen" haben.

Als Ergebnis dieser Überlegungen liegt es auf der Hand, dass nicht nur die Wiederholung eines Lernstoffes für das

Lernergebnis von Bedeutung ist, sondern wahrscheinlich die emotionale Bedeutung des Lernziels noch wichtiger ist. Darum ist diese Emotionalität bei der Umsetzung des Siegersystem-Konzepts von zentraler Bedeutung.

10.20. Denken Sie selbst!

Eine wichtige Empfehlung möchte ich zum Abschluss dieses Kapitels noch aussprechen:

- Denken Sie selbst!

Auf den ersten Blick handelt es sich um eine etwas skurrile Empfehlung, denn wer sollte für Sie denken, das können nur Sie selbst für sich selber. Ist dies so?

Mir geht es darum, deutlich zu machen, dass es wichtig ist, nicht alles, was man liest und hört, zu akzeptieren, sondern alles selbst zu hinterfragen. Ein Rückblick:

Wenn Sie auf die Welt kommen, übernehmen Sie erst einmal alles von Ihren Eltern oder Ihrem Umfeld. Alles, was Sie hören und erfahren, akzeptieren Sie als wahr.

In der Schulzeit werden Ihnen "Fakten" vorlegt und erklärt. Für viele Fächer müssen Sie Bücher lesen und "Geschichten" lernen, die Ihnen als "gegeben" und "wahr" oktroyiert werden. Sie haben praktisch keine Chance, diese "Fakten" zu hinterfragen oder sogar zu prüfen.

Egal ob Sie eine Ausbildung machen oder studieren, es werden Ihnen weiterhin "Fakten" vorgelegt, die Sie zu lernen haben. Ein Widerspruch ist nahezu unmöglich, wenn Sie einen guten Abschluss erlangen möchten.

Aber auch danach, egal ob im Berufs- oder in Ihrem Privatleben, werden Sie von morgens bis abends mit "Fakten" überschüttet. In den Printmedien (Zeitungen, Zeitschriften, Magazine etc.), im Rundfunk, im Fernsehen und im Internet warten immer wieder neue "Fakten" auf Sie.

Wichtig zu wissen, ist:

- "Einer tausendfach wiederholten Lüge glaubt man leichter, als einer zum ersten Mal gehörten Wahrheit."
  (Weisheit, unbekannte Herkunft)

und

- "Es ist leichter eine Lüge zu glauben, die man schon hundertmal gehört hat, als eine Wahrheit, die man noch nie gehört hat."
  (Robert Lynd)

Wenn Sie also tausendfach in der Schule gelernt, in den Zeitungen gelesen und im Fernsehen gehört haben, dass z.B. die Darwin´sche Evolutionstheorie wissenschaftlicher Fakt und unwidersprochen richtig ist, dann werden Sie entgegengesetzte Meinungen belächeln.

Ich empfehle Ihnen "zu denken" und dann auch den Mut zum "eigenen Denken" zu haben:

- "Man muss das Wahre immer wiederholen, weil auch der Irrtum um uns herum immer wieder gepredigt wird, und zwar nicht von einzelnen, sondern von der Masse.
(Johann Wolfgang von Goethe)

und

- "Immer, wenn man die Meinung der Mehrheit teilt, ist es Zeit, sich zu besinnen."
(Mark Twain)

Wie brachte es Albert Einstein so schön auf den Punkt?

- "Um ein tadelloses Mitglied einer Schafherde sein zu können, muss man vor allem ein Schaf sein."

Wollen Sie eigenverantwortlich "denken" oder ein Schaf sein, das der Herde folgt? Diese Frage ist für das Siegersystem von Bedeutung, weil:

- Nur wer gegen den Strom schwimmt, kann die Quelle erreichen!

Ich würde mich freuen, wenn das Siegersystem-Konzept dazu beitragen kann, dass Sie "Ihre" Quelle erreichen.

11. Was ist "Fühlen"?

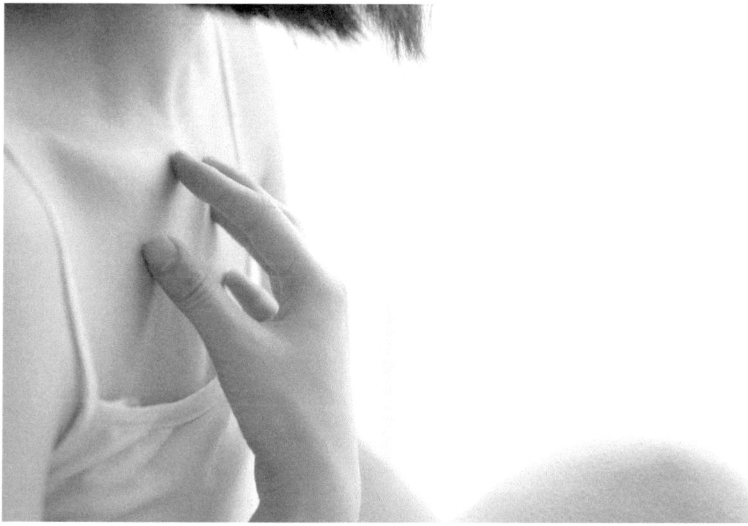

11.1. Begriffsklärung

Die Begriffe "Gefühl" und "fühlen" wurden in diesem Buch schon mehrfach erwähnt. Da dieses Thema ein zentraler Teil zum Verständnis des Siegersystem-Konzepts ist, führe ich das Kapitel "Was ist fühlen?" nochmals, auf und ergänze es mit Inhalten, die für die Nachvollziehbarkeit des Siegersystems hilfreich sind.

Ein Beschreibungsversuch aus Wikipedia, der nicht meiner Einschätzung entspricht::

Gefühl ist ein psychologischer Terminus, der als Oberbegriff für unterschiedlichste psychische Erfahrungen und Reaktionen dient wie u. a. Angst, Ärger, Komik, Ironie sowie Mitleid, Eifersucht, Furcht, Freude und Liebe die sich (potenziell) beschreiben und damit auch versprachlichen lassen. Obwohl es vielseitige neurophysiologische Ansätze der Messung von Gefühlen gibt, sind diese nicht als einheitlich und überindividuell gültig anzunehmen. Dies wiederum legt die Deutung von Gefühlen als individuelle bzw. subjektive Bewusstseinsqualitäten oder Ichzustände nahe.

Gefühle sind das Produkt der Verarbeitung von Reizen, die ihren Ursprung in unseren Sinnesorganen nehmen. Sie vermitteln damit ein Bild von der uns umgebenden Welt, aber auch von Vorgängen unseres eigenen Körpers. Gefühle sind nicht nur Ausdruck äußerer Tatsachen, sondern auch unserer eigenen Beurteilung.

Der Begriff Gefühl wird meist synonym mit dem älteren Begriff Gemüt verwendet. Die Bezeichnungen Affekt, Gefühl, Emotion werden sowohl im allgemeinen Sprachgebrauch als auch bei den verschiedenen Autoren zum Teil übereinstimmend als auch unterschiedlich definiert und benutzt. Übereinstimmung besteht darin, dass es bei Gefühlen fast ausnahmslos um Organfunktionen geht, die der Steuerung durch das autonome Nervensystem unterliegen.[24]

[24] https://de.wikipedia.org/wiki/F%C3%BChlen_(Psychologie)

Ich bin völlig anderer Meinung. Gefühle sind nach meiner festen Überzeugung keine Organfunktionen, sondern werden insbesondere von Ihren Gedanken initiiert und gesteuert.

11.2. Was unterscheidet Gefühl und Emotion?

Eine Unterscheidung zwischen Gefühl und Emotion legt die James-Lange-Theorie nahe. William James schreibt: „Wir sind traurig, weil wir weinen, wütend, weil wir zuschlagen, wir haben Angst, weil wir zittern." Die motorischen Reaktionen des Weinens, Zuschlagens, Zitterns sollten entsprechend der lat. Herkunft des Wortes „Emotion" von movere = bewegen als Gemütsbewegungen aufgefasst werden, während die rein sensorische Erfahrung des Traurigseins, der Wut und der Angst als Gefühlswahrnehmung bezeichnet werden sollte. Auch von der Wortbedeutung ausgehend wäre nach der Abgrenzung zum Begriff der Emotion zu fragen.[25]

Emotion bezeichnet eine Gemütsbewegung im Sinne eines Affektes. Der Affekt ist eine besondere Qualität des Fühlens, der damit dem Leib-Seele-Problem Ausdruck verleiht. Sie ist ein psychophysiologisches, auch psychisches Phänomen, das durch die bewusste oder unbewusste Wahrnehmung eines Ereignisses oder einer Situation ausgelöst wird. Das Wahrnehmen geht

[25] https://de.wikipedia.org/wiki/F%C3%BChlen_(Psychologie)

einher mit physiologischen Veränderungen, spezifischen Kognitionen, subjektivem Gefühlserleben und reaktivem Sozialverhalten.

Die Emotion oder der Affekt ist vom Fühlen oder dem Gefühl zu unterscheiden. So erfassen die Begriffe des Fühlens oder des Gefühls die unterschiedlichsten psychischen Erfahrungen und Reaktionen die sich beschreiben und damit auch versprachlichen lassen, wie u.a. Angst, Ärger, Komik, Ironie sowie Mitleid, Eifersucht, Furcht, Freude und Liebe. Physiologische Reaktionen auf Emotionen sind auch mit Messungen neurophysiologischer Parameter nachzuweisen. Es wurden jedoch keine Muster physiologischer Reaktionen gefunden, die eine eindeutige Diagnose einer Emotion erlauben würden.

Emotionalität und das Adjektiv emotional sind Sammelbegriffe für individuelle Eigenarten des Gefühlslebens, der Affektsteuerung und des Umgangs mit einer Gemütsbewegung.[26]

11.3. Was verbindet "denken" und "fühlen"?

Auf den Punkt gebracht:

- Gefühle sind biochemische Reaktionen auf Gedanken und Eindrücke.

[26] https://de.wikipedia.org/wiki/Emotion

Trotzdem:

- Sobald man Gefühle bewusst festhalten will, gehen Sie weg. Gefühle kann man niemals erzwingen.

Ein Beispiel:

Sie können sich bestimmt in eine Situation zurückdenken, in welcher Sie z.B. sehr traurig waren. Zum Beispiel an einen Todesfall oder an Liebeskummer. Sie werden, wenn Sie sich in diese Situation hineindenken, wahrscheinlich ähnlich ergriffen sein können, wie zu dem Zeitpunkt, als Sie dies das erste Mal erlebt und gefühlt haben. Sie werden das Gefühl von Traurigkeit "fühlen" und haben dies ausschließlich durch Ihre Gedanken hervorgerufen. Trotzdem wird es Ihnen nicht möglich sein, dieses Gefühl zu konservieren, wenn Sie nicht immer dieser diese Situation neu denken.

Gefühle haben aber noch eine Besonderheit:

- Gefühle kann man schwierig beschreiben, weil die dazugehörige Datenmenge zu groß ist (Gedanken).

Versuchen Sie bitte, ein Gefühl so zu beschreiben, dass es für einen unbeteiligten Dritten nachvollziehbar und 1:1 nachfühlbar ist. Sie werden an dieser Aufgabe scheitern, weil ein Gefühl so komplex ist, dass es mit Worten nicht vollständig erfasst werden kann.

11.4. Was bedeutet dies für das Glücksgefühl?

Jeder kennt das Gefühl von überbordendem Glück, eine Situation, wo man die ganze Welt umarmen könnte. Kann selbst dieses Glücksgefühl nur durch das eigene "denken" erschaffen werden?

Die klare Antwort: Ja ...

- Glück entsteht ausschließlich im Denken und Fühlen.

Sie können im Hochgefühl des Glücks binnen Sekunden völlig deprimiert sein oder umgekehrt in einer tiefen Depression stecken und binnen Sekunden ein völliges Glücksgefühl empfinden, allein nur durch neue Gedanken. Ein Beispiel:

- Sie befinden sich in einem Hochgefühl des Glücks, denn Sie haben gerade erfahren, dass alles, was Sie sich gewünscht haben, in Erfüllung gegangen ist. In der nächsten Sekunde sind Sie zutiefst deprimiert und unglücklich, weil Sie von dem Tod eines nahen Verwandten erfahren.

- Sie sind deprimiert und suizidgefährdet, weil Sie Ihren Job und Ihr Haus verloren haben und Sie nun weder ein noch aus wissen. Das Gefühl verändert sich schlagartig, als Sie erfahren, dass Sie den Lotto-Jackpot gewonnen haben und nie wieder finanzielle Sorgen haben werden.

Was ist in den jeweiligen Situationen passiert? Eigentlich nicht viel, nur Ihre Gedanken wurden durch dazugekommene Informationen neu fokussiert. Diese neuen Gedanken führten sofort zu einer Gefühlsreaktion.

11.5. Was sind primäre und sekundäre Gefühle

Gefühle, die zu einem Handeln oder zu einer Lösung führen, sind positiv und somit primäre Gefühle. Ein echtes primäres Gefühl ist nie mit einem Kontrollverlust verbunden, d.h. man bleibt handlungsfähig.

Gefühle wie Zweifel oder Angst sind sekundäre Gefühle und stellen einen Ersatz für das Handeln dar (Ausflucht, Ausrede) und werden im Normalfall überhöht und dramatisiert. Sekundäre schwache Gefühle dienen der Rechtfertigung des eigenen Nichthandelns, wobei das Problem Bestand behält. Die Realität wird ausgeblendet (Augen zu). Sekundäre Gefühle sind z.B. Trauer, Selbstmitleid, Rache, Wut, Vorwürfe. Selbstmitleid ist z.B. eine negative Trauer und nie konstruktiv. Sie beinhaltet immer ein narzisstisches Element.

Dass diese sekundären Gefühle nicht zielführend sein können, liegt auf der Hand. Darum halte ich es für wichtig, diese sekundären Gefühle erkennen und substituieren zu können. Dies wird deshalb ein Teil des Siegersystem-Konzepts sein.

12. Was ist "Glauben"?

Für das Siegersystem-Konzept ist ein Verständnis, was "Glauben" ist, wichtig, deshalb führe ich dieses Thema im Folgenden nochmals auf und ergänze den Inhalt, damit die Verbindung zum Siegersystem deutlich wird.

Ein Beschreibungsversuch:

> Unter Glauben versteht man zumeist eine Wahrscheinlichkeitsvermutung. Glauben in diesem Sinne bedeutet, dass ein Sachverhalt für scheinbar (hypothetisch) wahr oder wahrscheinlich gehalten wird.
>
> Darin unterscheidet sich „Glauben" im weiteren Sinne einerseits vom religiösen Glauben im engeren Sinne, der stets auf dem Willen zum Glauben beruht und die absolute Wahrheit des Glaubensinhalts (z.B. der Existenz Gottes) unterstellt. Andererseits unterscheidet sich Glauben von Wissen, das als wahre und gerechtfertigte Tatsache verstanden werden kann.
>
> Glauben im alltäglichen Sprachgebrauch ist also eine Vermutung oder Hypothese, welche die Wahrheit des vermuteten Sachverhalts zwar annimmt, aber zugleich die Möglichkeit einer Widerlegung offenlässt, falls sich die Vermutung durch Tatsachen oder neue Erkenntnisse als ungerechtfertigt herausstellen sollte.
>
> Das Verb „glauben" kann jedoch in unterschiedlichen Zusammenhängen unterschiedlich verwendet werden, etwa (in Bezug auf Personen) in der Bedeutung

von „jemandem vertrauen" oder auch in juristischen Kontexten.[27]

Gemäß dieser Erläuterung lässt "glauben" also die Möglichkeit offen, dass das Angenommene widerlegt werden kann. Immer dann, wenn man die Möglichkeit einer Widerlegung absolut ausschließt, kann man somit nicht mehr von "glauben" sprechen.

Fazit:

- Glaube ist die Kombination aus Hoffnung und Erwartung. Egal was Sie glauben, Sie haben recht.

Glaube ist eine bestimmte Art zu denken, ein Vertrauen in die schöpferischen Gesetze. Dabei gilt Glaube immer dem noch nicht Sichtbaren.

Wenn man diesen Ansatz verinnerlicht hat, hat man einen Gutteil des Siegersystem-Konzepts verstanden. Eine ergänzende Erläuterung folgt im weiteren Verlauf dieses Buches.

12.1. Glauben Sie, dass Sie fliegen können?

Eine merkwürdige Frage, oder? Selbstverständlich "glauben" Sie nicht, dass Sie fliegen können. Zumindest nicht in dem Sinne, wie ein Vogel fliegt, wenn er mit seinen Flügeln

[27] https://de.wikipedia.org/wiki/Glauben

schlägt und damit dafür sorgt, dass die Auftriebskraft größer ist, als die Anziehungskraft der Erde auf den Körper.

Was würden Sie aber davon halten, wenn ich behaupte, dass Sie alles könnten, wenn Sie es nur glaubten? Sogar fliegen ... leider steht Ihnen jedoch hierfür Ihre absolute Gewissheit im Wege, nämlich Ihre (physikalisch untermauerte) Überzeugung, nicht fliegen zu können.

Was passiert jedoch, wenn Ihr "glauben" einen Riss erfährt und Sie erkennen "dürfen", dass das, was Sie bis zu einem bestimmten Zeitpunkt "geglaubt" haben, nicht mehr stimmt bzw. ein "Glaubenssatz" durch eine neue Sichtweise ersetzt wird? Würden Sie mir in der Überlegung folgen, dass so etwas, wenn es einmal passiert ist, immer wieder neu erlebt werden kann?

Ich behaupte, dass jeder Mensch beliebig häufig, "alte Glaubenssätze" durch "neues Wissen" ersetzen musste, ohne sich dessen unbedingt bewusst gewesen zu sein. Zwei Beispiele:

- Als kleines Kind haben Sie "geglaubt", dass der Weihnachtsmann die Geschenke bringt und der Osterhase Eier versteckt. Davon waren Sie sogar völlig überzeugt, haben womöglich Wunschzettel geschrieben und für Ihre Überzeugung mit älteren Kindern gestritten. Hat es Ihr Leben durcheinander gebracht, als Sie erkannten, dass die Geschenke und die Eier von der Familie kamen?

- Sie saßen eventuell mal vor Ihren Hausaufgaben und haben "geglaubt", dass Sie das zu Lernende niemals verstehen würden. Bei vielen kommt hier sofort die Mathematik ins Spiel. Trotzdem haben Sie womöglich doch irgendwann verstanden, was ein Exponent ist oder wie man Ableitungen berechnet. Haben Sie in diesen Fällen Ihr "glauben" bewusst ad acta gelegt oder hatten Sie für sich das Gefühl, dass es irgendwie doch ging?

Was wäre nun, wenn absolut alles, was Sie jemals "geglaubt" haben, durch "neues Wissen" ersetzt werden könnte? Halten Sie es z.B. für möglich, dass die Wissenschaft einen Stoff entwickelt, der es Ihnen ermöglicht, die Schwerkraft durch die Nutzung Ihrer Armmuskeln zu überwinden? Warum nicht? Und schon würden Sie durch "neues Wissen" glauben, sogar fliegen zu können.

Ich bitte Sie, dieses Gedankenspiel weiter auszubauen. Wenn es grundsätzlich möglich ist, dass Sie so etwas "Fernliegendes" wie das "fliegen können" für machbar erachten, dann sollten Sie sich ab sofort keine Steine mehr in den Weg legen, was Sie wirklich für möglich erachten und "glauben" können.

Glauben Sie, dass das Siegersystem Ihnen helfen kann, Ihre Ziele zu erreichen. Falls Sie dies glauben, wird es auch so sein!

12.2. Ist wirklich alles möglich?

Eine berechtigte Frage, die ich mit einem Paradoxon beantworten möchte:

➢ Ist Gott in der Lage, einen Stein zu konstruieren, den er selbst nicht anheben kann?

"Jemand", dem man unterstellt, "alles" zu können, kann trotzdem unmöglich diese Aufgabe erfüllen, nämlich etwas zu konstruieren, das er nicht anheben kann, weil damit belegt wäre, dass er doch nicht alles "kann".

Insofern halte ich es für möglich, zumindest alles zu können, was der menschliche Geist für machbar erachtet. Für machbar erachte ich z.B. nicht:

- ... dass ich Miss Germany werde (weil dagegen einfach physiologische Tatsachen sprechen)

- ... dass ich durch viel falsches Essen irgendwann 500.000 kg wiegen kann (weil dies biologisch unmöglich ist)

- ... dass mein "Bio-Anzug" 100.000 Jahre alt wird (weil dies gleichfalls biologisch unmöglich ist)

Demgegenüber halte ich es für machbar, obwohl es unwahrscheinlich klingen mag:

- ... dass ich Milliardär werde

- ... dass mein "Bio-Anzug" über 120 Jahre alt wird
- ... dass viele Menschen durch meine Bücher mit der Kernbotschaft "verstehen und versöhnen" gesunden oder mit der Verinnerlichung der Siegersystem-Botschaft erfolgreich werden

Wovon hängt es ab, welche dieser Möglichkeiten Realität werden?

12.3. Die persönliche Relevanz-Pyramide

Ich hatte bereits zwei Mal erläutert, wie man feststellen kann, was für das eigene Selbst wirklich wichtig ist. Mit Hilfe der Relevanz-Pyramide können Sie herausfinden, was Sie wirklich "wollen" und tatsächlich auch "glauben", erreichen zu können.

Ich glaube in der Tat, dass ich Milliardär werden "kann", aber dieser Punkte ist in meiner Relevanz-Pyramide recht weit unten angesiedelt. Deshalb werde ich diese Möglichkeit nicht in mein Leben ziehen.

Wie ist es bei Ihnen? Was ist Ihnen wirklich wichtig? Und was glauben Sie tatsächlich, davon erreichen zu können. Sie sollten unbedingt das Konzept der Relevanz-Pyramide einsetzen, um diese Punkte für sich selbst zu klären. Erst wenn Sie wirklich wissen, was Ihnen wichtig ist und was Sie für Ihr Leben für "glaubhaft" halten, werden Sie den nächsten Schritt machen können.

12.4. Was ist ein Mangelbewusstsein?

Die im vorherigen Kapitel aufgeführte Empfehlung ist für das Verstehen des Folgenden wichtig. Denn nur, wenn Sie wissen, was Sie wirklich-wirklich-wirklich wollen und glauben, werden Sie Ihr Denken neu ausrichten können, um nicht den Fehler zu machen, wie fast jeder Mensch, der seine Ziele und Möglichkeiten nicht kennt.

➢ Mangelbewusstsein bedeutet, sich nicht auf die Fülle zu fokussieren, die Ihnen zur Verfügung steht, sondern über das nachzudenken, das Sie gerade nicht "haben".

Bitte überprüfen Sie Ihre Gedanken, ob Ihnen von dem Folgenden etwas bekannt vorkommt:

- "Sobald ich groß bin, suche ich mir eine eigene Wohnung."
- "Ich will unbedingt das neueste Handy haben."
- "Ich will ein neues Auto kaufen, der Nachbar hat auch eins gekauft."
- "Sobald wir das Geld dafür haben, fahren wir in den Urlaub."
- "Ich suche die perfekte Frau (bzw. den perfekten Mann) für mich und habe genaue Vorstellungen."
- "Sobald ich genug Geld habe, mache ich ...."

Fällt Ihnen etwas auf? Alle diese Gedanken richten sich auf etwas, was Sie nicht haben, aber haben wollen, und zeugen somit von einem Mangelbewusstsein. Was glauben Sie, was Sie mit diesem Mangelbewusstsein in Ihr Leben ziehen? Wahrhafte Fülle oder eben gerade das, was Sie nicht wollen, nämlich Mangel?

Ein Mangelempfinden entsteht bei einem Ungleichgewicht von Wunsch und Erfüllung. Betteln und Flehen zeigen insbesondere ein ausgeprägtes Mangelbewusstsein. Man verstärkt damit aber leider genau das, was man eigentlich ausmerzen möchte. Wie Sie dies vermeiden und positiv substituieren können, wird im weiteren Verlauf des Buches erklärt, nämlich als Teil des Siegersystems.

12.5. Wie reagiert der Körper auf ein Mangelbewusstsein?

Was wir als Mangel denken und fühlen, ziehen wir an. Bei Nahrung ziehen wir z.B. an, was wir damit verbinden. Wenn man an Mangel während des Essens denkt, wird der Körper "natürlich" darauf so reagieren, dass er den Mangel zu vermeiden sucht. Genau darum wirken Diäten, die mit einem Mangeldenken verbunden sind, komplett kontraproduktiv.

Stellen Sie sich vor, Sie möchten Ihr Gewicht reduzieren und versuchen dies mit einer Diät. Es spielt keine Rolle, welche Diät Sie ausprobieren möchten. Sobald Sie bewusst die Gedanken darauf ausrichten, mit einer Diät den Körper verschlanken zu wollen, scheint dies nach einem ersten Eindruck zu funktionieren, jedoch wird der Körper zur Vermeidung eines zukünftigen Mangels versuchen, bei neuerer Nahrungsaufnahme Sicherheitspolster anzulegen, um nicht nochmalig Gefahr zu laufen, einen Mangel erleben zu müssen.

Ich möchte an dieser Stelle deutlich machen, dass Fresssucht keine Krankheit ist, denn ansonsten hätte man die "bösen Fresssucht-Erreger" schon gefunden und ein Gegenmittel entwickelt. Man nimmt nicht davon zu, was man zum Überleben zu sich nimmt, sondern von den Gedanken und den damit verbundenen Gefühlen beim Essen.

Wie schon zuvor hergeleitet, spielen die Gedanken, sowie die damit verbundenen Gefühle und Ihr "glauben" die entscheidenden Rollen in Ihrem Leben, auch beim Essen. Man nimmt somit nicht von der Nahrung zu, sondern von dem Gefühl, das mit der Nahrungsaufnahme verbunden ist.

Wenn Sie z.B. mit der Nahrungsaufnahme ein schlechtes Gewissen verbinden und Ihr Körper damit Cortisol (ein Stresshormon) während des Essens ausschüttet, dann wird Ihr Körper versuchen, jedes Atom bestmöglich zu verwerten und ggfs. "einzulagern". Ihr Körper versucht sowohl nach einer Diät, als auch bei negativen Gefühlen während des Essens das festzuhalten, was als Mangel gedacht wird.

Kennen Sie den Spruch?

- "Ich brauche ein Stück Kuchen nur anzusehen, dann nehme ich schon zu."

Keine Frage, das stimmt. Wahrscheinlich werden Sie sogar von Wasser dick, wenn Sie es nur glauben ...

12.6. Ihr persönlicher Gedankennebel

Haben Sie schon mal über Ihren persönlichen Gedankennebel nachgedacht? An welchen Stellen erwischen Sie sich dabei, nicht das zu denken, was Sie wollen, sondern entweder über das nachzudenken, was Sie nicht wollen oder über das, was Sie nicht haben.

Ich darf Sie beruhigen. Sie stehen mit Ihrem Gedankennebel nicht allein. Ganz im Gegenteil sind fast alle Menschen überwiegend problemorientiert und nicht lösungsorientiert. Ein Mangel kann dabei eine Illusion von Sicherheit schaffen, weil man in diesem Fall zumindest weiß, was man nicht hat bzw. haben möchte, d.h. man hat ein Ziel, auf das man hinarbeiten kann, z.B. ein neues Handy, ein neues Auto usw.

Die Frage ist, ob diese Fokussierung tatsächlich zielführend sein kann oder ob Sie an dieser Stelle nicht lieber Ihr zukünftiges Denken neu ausrichten möchten, um wirklich das in Ihr Leben zu ziehen, was Sie wirklich haben möchten.

Was glauben Sie, was das Gegenteil von Mangelbewusstsein ist?

12.7. Danke - Danke - Danke

Wären Sie spontan darauf gekommen, dass das Gegenteil von Mangelbewusstsein Dankbarkeit ist?

Denken Sie ein paar Sekunden darüber nach, was Sie erwarten, wenn Sie etwas verschenken, z.B. zu Weihnachten oder zu einem Geburtstag. Auf der einen Seite freuen Sie sich, wenn das Geschenk auf eine positive Resonanz stößt, auf der anderen Seite ist es Ihnen aber bestimmt mindestens genauso wichtig, dass man sich bei Ihnen bedankt.

Wenn wir nun wie hergeleitet wissen, dass alles, was Sie in Ihr Leben ziehen möchten, gedacht werden muss, dann halte ich es für naheliegend, das zu denken, was man tatsächlich anstrebt. Allerdings, und dies ist der entscheidende Unterschied zu einem Mangelbewusstsein, sollte man diese Gedanken nicht als "Ich will haben ..." denken, sondern als "Vielen Dank, dass ich habe ...".

Kommt Ihnen dies bekannt vor? Diese einfache Feststellung haben Sie womöglich schon tausendfach gelesen. Solche Wahrheiten stehen in vielen Religionsbüchern, wie z.B. der Bibel, aber auch in Büchern, die erst in den letzten Jahren populär geworden sind, z.B. "The Secret".

Es gibt nur zwei Unterschiede meines Siegersystem-Konzepts zu vielen Büchern, die Ähnliches schreiben. Zum einen habe ich versucht, die Begründung für dieses Wissen wissenschaftlich und logisch herzuleiten und u.a. mit physikalischen Ableitungen zu untermauern. Zum anderen versuche ich zu erläutern, warum dieses Wissen bei den meisten Menschen trotzdem keinen Erfolg nach sich zieht und was man tun kann, um diesen Erfolg doch noch zu erreichen. Wissen und Denken reichen hierfür nicht.

Trotzdem empfehle ich Ihnen bereits an dieser Stelle, ab sofort Ihr Denken dahingehend neu auszurichten, dass Sie sich für alles bedanken, was Ihnen tagsüber passiert, denn absolut nichts ist selbstverständlich. Ein paar Anregungen:

- "Vielen Dank, dass ich heute Morgen aufgewacht bin und leben darf ..."
- "Vielen Dank, dass ich ein Bett und ein Dach über dem Kopf habe und nicht auf der Straße leben muss ..."
- "Vielen Dank, dass ich ein die Möglichkeit habe, mich morgens zu waschen und die Zähne zu putzen ..."
- "Vielen Dank, dass ich morgens etwas zu essen habe und ein gutes Auskommen habe ..."
- "Vielen Dank, dass ich bemerke, dass die Vögel zwitschern und die Sonne scheint ..."
- "Vielen Dank, dass ich einen Job habe, der mir die Möglichkeit bieten, mein Einkommen selbst zu verdienen ..."
- "Vielen Dank, dass ich genug Geld habe, mir all das leisten zu können, was ich brauche ..."

- "Vielen Dank, dass ich einen Parkplatz direkt vor dem Kaufhaus gefunden habe ..."

Sie halten dies für übertrieben? Schließlich ist fast alles davon selbstverständlich? Ich widerspreche Ihnen nachdrücklich. Nichts, absolut nichts, ist selbstverständlich. Alles, was Sie sehen und erleben, ziehen Sie durch Ihr Denken in Ihr Leben. Was spricht also dagegen, das zu verstärken, was Ihnen gut gefällt? Was spricht folgerichtig dagegen, sich für all das zu bedanken, was Sie gerne weiterhin in Ihrem Leben manifestieren möchten?

Meine einfachen Gegenfragen lauten: Kennen Sie einen besseren Weg, sich auf das zu fokussieren, was positiv in Ihrem Leben ist? Kennen Sie eine einfachere Möglichkeit, sich alles Gute und Positive in Ihrem Leben bewusst zu machen? Kennen Sie eine angenehmere Umprogrammierung Ihres Denkens, als bewusst möglichst nur noch das Gute im Leben zu erkennen, als ein Mangelbewusstsein zu stärken?

Darum lautet meine nachdrückliche Empfehlung:

- ➢ Bedanken Sie sich so oft Sie nur können für alles, wirklich absolut alles. Es gibt kein Zuviel an Danke.

Dass das Siegersystem-Konzept dieses "Danke" als zentrales Element beinhaltet, wird Sie jetzt nicht mehr überraschen.

12.8. Soll man auch für Negatives danken?

Woher wissen Sie, dass irgendetwas in Ihrem Leben negativ ist? Wie können Sie dies in der konkreten Situation beurteilen? Bewerten Sie nicht in Wirklichkeit nur das Gefühl, das Sie in der jeweiligen Situation empfinden? Sind es nicht tatsächlich nur subjektive Gedanken, die mit dieser Situation verknüpft sind?

Ist es Ihnen schon mal passiert, dass Sie etwas als sehr unangenehm und negativ empfunden haben, aber genau diese Situation sich später Ihr großes Glück erwiesen hat? Ich kann solche Situationen für mich hundertfach aufführen.

Darum stelle ich die folgende provokante These auf:

- Nichts, aber auch absolut nichts, was Sie jemals erlebt haben, kann im Nachhinein als rein negativ festgehalten werden.

Nun höre ich spontane Widersprüche. Was ist mit überlebenden Kriegsopfern? Was mit vergewaltigten Frauen? Was mit Kindern, die ihre Eltern verloren haben. Und so weiter ...

Nach meiner Erfahrung mit Coachings und Therapien kann man sämtliche Erlebnisse immer auch unter einem anderen Blickwinkel betrachten. Kriegsopfer haben überlebt und Ihr Leben wieder in die Hand nehmen können, oder? Gleiches gilt für vergewaltigte Frau und Waisen. Egal, was man irgendwann mal erleben "musste", es gibt nach meiner Erfahrung immer, und ich meine wirklich immer, eine andere Betrachtungsmöglichkeit.

Und was ist mit Menschen, die z.B. bei einem Unfall gestorben sind oder ermordet wurden oder mit Behinderungen weiterleben müssen? Kann man solche Schicksalsschläge auch aus einem anderen Blickwinkel positiv betrachten?

Bei Todesopfern kann man zu Recht davon sprechen, dass eine positive Betrachtungsweise in der jetzigen Inkarnation schwierig erscheint. Dies aber nur, wenn man davon ausgeht, dass wir "durch Zufall" einmalig auf der Erde leben und es weder eine unsterbliche Seele, noch eine wiederkehrende Inkarnation gibt. Ist man jedoch - so wie ich - absolut sicher, dass man als Seele existiert und der Körper nur der aktuell verfügbare "Bio-Anzug" in einer von vielen Inkarnationen ist, dann ist der Tod lediglich ein Übergang zu einer neuen Zeugung. Das Leben selbst ist unsterblich, nur der "Bio-Anzug" wird getauscht.

Mit dieser Blickweise wird man selbst die schlimmsten Erfahrungen, wie einige Absätze zuvor geschildert, zwar subjektiv in der jeweiligen Situation als negativ ansehen, sie sind aber im Gesamtkontext trotzdem immer auch positiv zu betrachten.

Mir ist völlig klar, dass diese Betrachtungsweise nicht für jeden Leser nachvollziehbar sein wird, insbesondere wenn man entweder Atheist ist oder das Thema Reinkarnation für ein "Hirngespinst" erachtet. Ich darf Ihnen aber versichern, dass man dieser Auffassung näher kommt, je mehr man sich mit diesen Themen befasst.

Ich selbst habe als Jugendlicher und auch zu Beginn meines ersten Studienfaches Physik ein anderes Weltbild vertreten, aber im Laufe der letzten 30-35 Jahre habe ich so viel gelesen, erlebt und gelernt, dass sich die Überzeugung, dass wir als Seelenwesen unsterblich sind und lediglich wiederkehrend inkarnieren, fest in mir verankert hat.

Und genau vor diesem Hintergrund bin ich fest davon überzeugt, dass man in der jeweils ggfs. als negativ empfundenen Situation nicht beurteilen kann, ob nicht genau dieses Erlebnis sehr positive Auswirkungen und folgen hat. Und darum habe ich gelernt und empfehle auch Ihnen, dass Sie sich für alles dankbar zeigen, was in Ihrem passiert.

Sollte es Ihnen schwer fallen, tatsächlich alles, was Sie jemals erlebt haben oder was Ihnen noch widerfahren mag, als potenziell positiv zu betrachten, dann darf ich Ihnen avisieren, dass Sie dies mit Hilfe des Siegersystem-Konzepts lernen können.

13. Was ist „Vertrauen"?

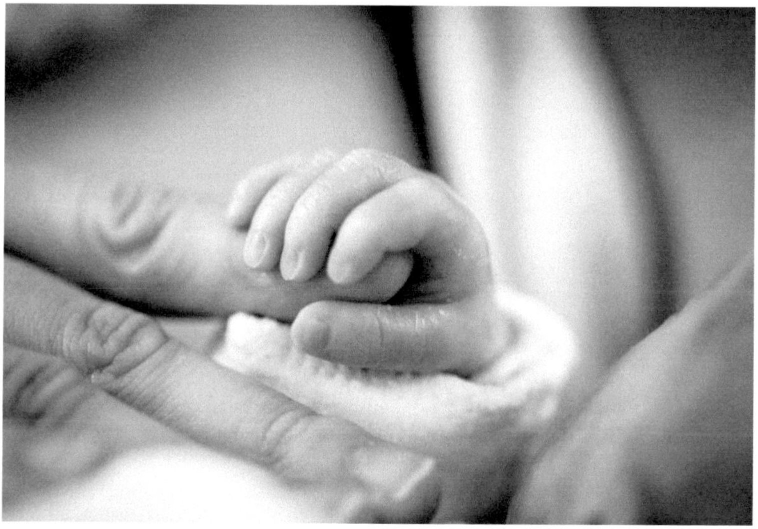

Für das Siegersystem-Konzept ist dieses Kapitel gleichsam von elementarer Bedeutung, deshalb übernehme ich einige evtl. bekannte Teile und ergänze sie mit Erläuterungen, die die Verbindung zum Siegersystem verdeutlichen.

Ein Erklärungsversuch:

> Vertrauen ist in psychologisch-persönlichkeitstheoretischer Perspektive definiert als subjektive Überzeugung von der (oder auch als Gefühl für oder Glaube an die) Richtigkeit, Wahrheit bzw. Redlichkeit von Personen, von Handlungen, Einsichten und Aussagen eines anderen oder von sich selbst (Selbstvertrauen). Zum

Vertrauen gehört auch die Überzeugung der Möglichkeit von Handlungen und der Fähigkeit zu Handlungen. Man spricht dann eher von Zutrauen. Als das Gegenteil des Vertrauens gilt das Misstrauen.

Neben diesen persönlichkeitstheoretischen Ansätzen, die die Quelle des Vertrauens in sozialisationsbedingten oder kulturell vermittelten Persönlichkeitsstrukturen suchen, gibt es institutionalistische (ökonomische, soziologische, politologische) und sozialpsychologische Theorien (transaktionsanalytische Modelle), die versuchen, die Entstehung von Vertrauen in institutionellen Zusammenhängen (z.B. in Organisationen) bzw. in interpersonalen Beziehungen zu erklären.

Vertrauen ist ein Phänomen, das in unsicheren Situationen oder bei risikohaftem Ausgang einer Handlung auftritt: Wer sich einer Sache sicher sein kann, muss nicht vertrauen. Vertrauen ist aber auch mehr als nur Glaube oder Hoffnung, es benötigt immer eine Grundlage, die sog. „Vertrauensgrundlage". Dies können gemachte Erfahrungen sein, aber auch das Vertrauen einer Person, der man selbst vertraut, oder institutionelle Mechanismen. Vertrauen ist teilweise übertragbar. Jemandem sein ganzes Vertrauen zu schenken, kann sehr aufregend sein, beispielsweise das Vertrauen, das ein Kind dem Vater schenkt, wenn es von oben herab in die ausgebreiteten Arme springt. Dies gilt sowohl für den Vater als auch für das Kind. Die Geschichte wird oft im übertragenen Sinn erzählt – als Gottvertrauen.

- Vertrauen ist der Wille, sich verletzlich zu zeigen.

Dieser einfache Satz umfasst mehrere Vertrauensdimensionen:

1. Vertrauen entsteht in Situationen, in denen der Vertrauende (der Vertrauensgeber) mehr verlieren als gewinnen kann – er riskiert einen Schaden bzw. eine Verletzung.

2. Vertrauen manifestiert sich in Handlungen, die die eigene Verletzlichkeit erhöhen. Man liefert sich dem Vertrauensnehmer aus und setzt zum Vertrauenssprung an.

3. Der Grund, warum man sich ausliefert, ist die positive Erwartung, dass der Vertrauensnehmer die Situation nicht zum Schaden des Vertrauensgebers verwendet.[28]

Haben Sie Vertrauen? Zum Beispiel zu Ihren Eltern? Zu Ihren Kindern? Zu anderen Verwandten? Zu Freunden? oder am allerwichtigsten zu sich selbst und zu Gott oder wie Sie "das Eine" auch benennen mögen?

Vertrauen ist ein ganz zentraler Punkt des Siegersystems, deshalb wiederhole ich die Frage:

- Haben Sie Vertrauen?

[28] https://de.wikipedia.org/wiki/Vertrauen

Die Wichtigkeit dieser Frage erläutere ich im Folgenden.

13.1. Wie entsteht Vertrauen?

Vertrauen zu einer Person, einer Sache oder in etwas basiert auf Erfahrungswerten, etwas Gelerntem, und wächst mit beständiger Wiederholung und Bestätigung des vormals Erlebtem.

Dies kann man auf alle Bereiche übertragen, die uns im täglichen Leben begegnen. Diese Erkenntnis führt zu der einfachen Empfehlung für die Stärkung Ihres Vertrauens in Ihre Handlungsmöglichkeiten bzw. Ihre Schaffenskraft:

➢ Wenn etwas Einfaches funktioniert, dann funktioniert auch mehr. Also fangen Sie mit etwas Einfachem an.

Wenn Sie mehrfach darauf erfolgreich vertrauen, den Parkplatz zu bekommen, auf welchem Sie gerne parken möchten, dann wird Ihr Unterbewusstes mit jedem Erfolgserlebnis immer mehr daran glauben, dass eine solche "Bestellung eines Parkplatzes" tatsächlich möglich ist. Man nennt dies ein Überzeugungsphänomen.

Bedeutet es für Sie eine große Überwindung, mit solchen Vertrauensversuchen einen ersten Schritt zu unternehmen, um Ihre Schaffenskraft kennenzulernen? Ok, kein Problem, dann fangen Sie noch kleiner an. Ein paar Beispiele:

- Vertrauen Sie bewusst darauf, genau das leckere Brötchen zu bekommen, das Sie gerne in der nächsten Bäckerei kaufen möchten ...

- Vertrauen Sie bewusst darauf, beim nächsten Einkauf ein Schnäppchen zu machen, egal was ...

- Vertrauen Sie bewusst darauf, dass Ihnen "heute" etwas Besonderes passiert, ohne dass Sie sich festlegen, was dies sein könnte ...

Mit diesen kleinen Schritten werden Sie sukzessive immer mehr Vertrauen gewinnen und im Laufe von Wochen und Monaten immer konkretere Bestellungen mit Vertrauen unterfüttern. Und warum sollten Sie dies unbedingt üben?

➢ Wer nicht den ersten Schritt wagt, kann sich zwar keinesfalls verlaufen, aber auch kein Ziel erreichen.

Und wenn ich Sie richtig einschätze, dann möchten Sie unbedingt ein Ziel erreichen, ansonsten würden Sie dieses Buch nicht lesen. Ich weiß es und kann es deshalb nur nochmal mit Nachdruck wiederholen:

➢ Wovon man überzeugt ist, was man mit Gefühl verstärkt und aus tiefstem Herzen glaubt, manifestiert sich.

Wichtig ist es, sich auf das eigene Ziel zu fokussieren, egal was andere sagen. Lassen Sie neues Wissen (Erkenntnis) im

Unterbewussten wirken und verbannen Sie alles Entgegengesetzte aus den bewussten Gedanken, indem Sie das Konstruktiv-Positive immer und immer wieder dankbar wiederholen. Das, was Sie früher als Wunder angesehen haben, wird für Sie immer mehr zum Normalen werden. Sie müssen sich nur selbst vertrauen ...

13.2. Was ist „Selbstvertrauen"?

Wahrscheinlich wird jeder sofort denken, dass doch völlig klar ist, was Selbstvertrauen bzw. Selbstwert ist.

> Unter Selbstwert (auch: Selbstwertgefühl, Selbstwertschätzung, Selbstachtung, Selbstvertrauen, oder unpräziser: Selbstbewusstsein, Eigenwert, umgangssprachlich auch Ego) versteht die Psychologie die Bewertung, die man von sich selbst hat. Das kann sich auf die Persönlichkeit und die Fähigkeiten des Individuums, die Erinnerungen an die Vergangenheit und das Ich-Empfinden oder auf das Selbstempfinden beziehen.
>
> Unterschieden wird nicht nur, ob der Selbstwert einer Person hoch oder niedrig ist, sondern auch ob er stabil oder instabil, kontingent oder nicht-kontingent, explizit (bewusst kognitiv) oder implizit (unbewusst affektiv erfahrungsbedingt), sicher oder fragil ist.
>
> Laut Timothy Leary und Mitarbeitern dient der Selbstwert als ein Indikatior für die soziale Integration eines

Menschen (Soziometer-Theorie). Nach dem kognitiven Modell von Aaron T. Beck wird der Selbstwert auch stark von Denkprozessen (Grundannahmen, automatische Gedanken, verzerrte Informationsverarbeitung) beeinflusst.

Äußere Faktoren können das Selbstvertrauen prägen, wenn bei bestimmten Anforderungen hinreichend objektive Gründe gegeben sind, wie zum Beispiel Methodenkompetenz, ausreichende Kenntnisse oder Erfahrungen, wiederholte Tätigkeiten in ähnlichen Situationen oder Ähnliches.

Selbstwert ist darüber hinaus auch eine politisch-moralische Kategorie, die beispielsweise die Gewissheit begründet, in einer bestimmten Situation „im Recht" zu sein, bzw. ein zustehendes Recht wahrzunehmen, einzufordern oder zu erstreiten.

Selbstwertgefühl resultiert aus dem Vergleich der vermeintlichen subjektiven Fähigkeiten mit den Anforderungen, mit denen sich die Persönlichkeit konfrontiert sieht. Es lässt sich an ganz konkreten und zunehmend verallgemeinerten Anforderungssituationen bestimmen, zum Beispiel auch in psychologischen Tests. Ein hohes Selbstvertrauen gegenüber Anforderungen zeigt sich, wenn vorausschauend eingeschätzt wird, dass diese Situation gut gemeistert werden kann.

Der Grad des Selbstvertrauens hängt meist von der unterschiedlichen Befähigung für bestimmte Tätigkeiten ab und ist zeitlichen Änderungen (etwa durch Emotionen oder Müdigkeit) unterworfen.

Personen können situativ oder ständig ein inadäquates Selbstvertrauen haben, indem sie ihre Leistungsmöglichkeiten über- oder unterschätzen. Derartige Fehleinschätzungen entstehen auf der Grundlage individueller Besonderheiten, Einstellungen und anderer Eigenschaften.

Ein sehr hohes Selbstwertgefühl muss jedoch keineswegs günstig sein und kann sich zu Überheblichkeit entwickeln, was bei anderen eine Antipathie hervorruft.

Neben den im Laufe der Entwicklung wichtigen Faktoren zu einem gesunden Selbstwertgefühl, nennt der Psychologe Nathaniel Branden die folgenden Bedingungen, die „die sechs Säulen des Selbstwertgefühls" bilden:

- Bewusstes Leben
- Selbstannahme
- Eigenverantwortliches Leben
- Selbstsicheres Behaupten der eigenen Person
- Zielgerichtetes Leben
- Persönliche Integrität

> Authentische Selbstsicherheit und Selbstwertgefühl sind nach der Meinung Brandens in einem positiven Ansatz weitgehend abgekoppelt von der Rückmeldung eines Gegenübers.[29]

Johann Wolfgang von Goethe meinte zum Thema Selbstvertrauen:

- „Sobald du dir vertraust, sobald weißt du zu leben."

Nach der oben aufgeführten Beschreibung müssten somit alle Menschen, die den Eindruck machen, dass sie sich etwas zutrauen und Herausforderungen annehmen. Etwas Substanzielles fehlt mir in dieser Beschreibung jedoch.

- Selbstliebe ist Voraussetzung für Selbstvertrauen (kein gespieltes Selbstvertrauen) = Gelassenheit (in sich ruhen)

Wie soll es tatsächlich möglich sein, sich selbst und seinen Fähigkeiten aufrichtig und unbeirrbar zu vertrauen, wenn man sich nicht selbst liebt? Dieser Punkt kommt mir bei der Betrachtung viel zu kurz.

Denn auch Menschen, die sich gar nichts selbst aufrichtig lieben, können absolut selbstvertrauend "erscheinen". Beschränkte Selbstliebe ist jedoch immer auf der Suche nach Bestätigung (was für alle Beteiligten anstrengend ist) und

[29] https://de.wikipedia.org/wiki/Selbstvertrauen

führt zu Eifersucht, Jähzorn, Misstrauen, Egoismus und Machtgier.

Nur durch echtes Vertrauen (insbesondere in sich selbst) mit wahrer Selbstliebe kann man Erfolg haben und eigene Ziele erreichen, anstatt fremden Zielen ungewollt nach zu laufen. Dabei lohnt es sich, Grenzen und Beschränkungen zu erleben, denn nur dann kann man Grenzen überwinden, über sich hinauswachsen und Neues lernen.

Das Spannende an dieser Überlegung ist, dass ich davon überzeugt bin, dass in jedem Menschen ein Genie schlummert, das nur erkannt und geliebt werden will. Auch in Ihnen steckt viel mehr, als in einem Senfkorn. Ich verweise an dieser Stelle an das Gleichnis vom Senfkorn in den Evangelien im Neuen Testament nach Matthäus (Mt 13,31–32 EU), Lukas sowie Markus (Mk 4,30–32 EU).

Sobald Sie erkannt haben und daran glauben und darauf vertrauen, was wirklich in Ihnen steckt, wird etwas Besonderes mit Ihnen geschehen. Echte Selbstliebe und wahres Selbstvertrauen werden Ihre Strahlkraft zum Leuchten bringen. Das nennt man dann Ausstrahlung oder Charisma.

Mit Hilfe des Siegersystem-Konzepts wird es Ihnen, dessen bin ich mir sicher, möglich sein, Ihr Selbstvertrauen und Ihre Ausstrahlung zu stärken. Und dann:

- Seien Sie ein leuchtendes Beispiel und Vorbild!

14. Glaubenssätze und das Gesetz der Resonanz

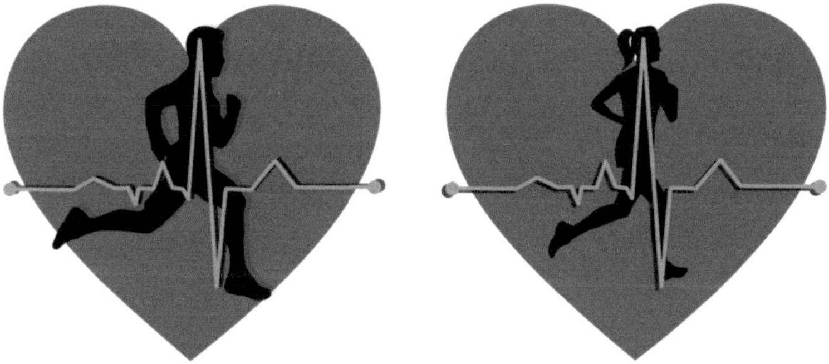

Glaubenssätze und Blockaden sind genau das, was Ihrem "Durchbruch" noch im Wege steht. Darum ist ein Verständnis für die Begriffe und Folgen für das Siegersystem-Konzept von größter Bedeutung.

14.1. Suchen Sie den Autoschlüssel nicht im Licht

Diese Metapher nehme ich gerne bei Ausbildungen, Seminaren und Vorträgen, um zu verdeutlichen, dass Ihr Denken und Ihr Vorgehen wichtig sind, sowie Ihre Lernfähigkeit gefordert ist.

Suchen Sie Ihren Autoschlüssel nicht im Licht, sondern da, wo Sie ihn verloren haben. Es nützt nämlich nichts, den Autoschlüssel unter der hellen Laterne zu suchen, wenn er in der dunklen Ecke der Straße verloren gegangen ist. Auch das Suchen unter anderen Laternen führt dann nicht zum Erfolg. Man sollte besser lernfähig sein und den Schlüssel da suchen, wo man ihn verloren hat.

Dieses Bild scheint auf den ersten Blick einleuchtend, aber die meisten Menschen verhalten sich viel zu häufig zielwegführend. So ist es z.B. wenig nachvollziehbar, wenn man immer wieder das gleiche denkt, aber erwartet, ein anderes Ergebnis zu erhalten. Try & Error führen nur dann zu mehr Wissen, wenn man lernfähig ist und sich in einer nächsten ähnlichen Situation anders verhält, um auch ein anderes Ergebnis erreichen zu können.

Das Gute ist aber, dass es für absolut jedes Problem eine Lösung gibt. Man muss nur den Weg kennen, diese Lösung in Ihr Bewusstsein treten lassen zu können. Dabei kann und das soll das Siegersystem-Konzept helfen.

14.2. Glaubenssätze und Blockaden

Einige Glaubenssätze, die Sie in Ihrem Leben gelernt haben habe ich bereits aufgeführt. Halten Sie es für denkbar, dass sich Ihr komplettes Leben und Denken um Glaubenssätze dreht, die ggfs. zu Blockaden führen. Das halten Sie für übertrieben? Dann überlegen Sie sich bitte, ob Sie schon mal folgende Situationen (oder etwas Vergleichbares) erlebt haben, entweder bei sich selbst oder bei Dritten:

Kindergarten	Fast alle Kinder spielen miteinander. Nur ein Kind darf nicht mitspielen und bleibt außen vor. Es verinnerlicht, bei den anderen nicht erwünscht zu sein.
Kinderzimmer	Das Kinderzimmer des Bruders oder der Schwester ist aufgeräumt, das eigene Kinderzimmer ein Tohuwabohu. Die Mutter schenkt nur dem Bruder oder der Schwester ein Eis. Das Kind registriert, die Mama hat mich weniger lieb.
Einschulung	Alle anderen Kinder haben größere Schultüten. Das Kind mit der kleineren Schultüte verinnerlicht, dass alle anderen Kinder mehr wert sind oder mehr geliebt werden.
Schule	Alle anderen Kinder schreiben gute Noten, so scheint es. Das Kind mit den schlechteren Noten verinnerlicht, dumm zu sein und bekommt die Bestätigung z.B. vom Lehrer.
Clique	Alle Kumpels haben ein Mofa. Der/Die Jugendliche ohne Mofa gehört irgendwie nicht dazu und hat das Gefühl, irgendetwas tun/beweisen zu müssen, um trotzdem akzeptiert zu werden.

Diese Beispiele kann ich in beliebiger Stückzahl aufführen, wobei diese Beispiele wahrscheinlich ausreichen, um den

Kern zu sehen. Wichtig zu erkennen ist, dass es nicht möglich ist, ohne Glaubenssätze aufzuwachsen bzw. zu leben. Es ist wirklich nicht möglich. Jeder, absolut jeder Mensch hat Situationen erlebt, die er anders interpretiert und verinnerlicht hat, als sie womöglich gemeint waren und von anderen Betrachtern bewertet werden würden. Ganz sicher passiert dies jeden Tag immer wieder, wobei die Relevanz im Normalfall mit zunehmendem Alter abnimmt.

Ärgerlich ist, dass man sich an "falsche" und "negative" Denkmuster gewöhnen kann. Wenn man tausend Mal gehört hat „Du kannst das nicht", dann wird man dies irgendwann für „wahr akzeptieren". Wenn man in der Folge etwas erlebt, was dieses unterbewusste Denkmuster bestätigt, dann wird man dieses Muster nicht mehr hinterfragen, sondern „Na klar, so ist das eben" denken.

Um etwas Entgegengesetztes erreichen zu können, also etwas, was diesem "falschen" Glaubenssatz widerspricht, muss man den "falschen" Glaubenssatz auflösen. Ansonsten wird das eigene Unterbewusste immer wieder die Programmierung dahingehend interpretieren, dass das „neue Ziel" eigentlich nicht geglaubt wird, also nicht erreicht werden will. Man muss unweigerlich die in den meisten Fällen kindlichen Sabotageprogramme löschen, bevor überhaupt neue Wege erfolgreich beschritten werden können.

14.3. Sind Sie also ein Opfer Ihrer Glaubenssätze?

An dieser Stelle muss ich Sie darauf aufmerksam machen, dass Sie mit dem Lesen dieses Buches ein Problem für sich geschaffen haben. Sie haben nämlich nun nicht mehr die Möglichkeit, Ihre Probleme im Außen zu suchen, z.B.

- „Meine Eltern sind schuld."
- „Meine Lebensstartbedingungen waren schlecht."
- „Meine Schulausbildung reicht nicht."
- „Ich habe nicht das richtige Umfeld."
- „Ich bin zu groß, zu klein, zu dick, zu dünn usw."

Alle Ausreden, die Sie bisher für sich bzw. Ihre Umstände herangezogen haben, sind ab diesem Kapitel hinfällig. Es ist komplett alles nur vorgeschoben.

- ➢ Ist Danny DeVito zu klein für einen Schauspieler? Warum ist er dann zu einem der erfolgreichsten und beliebtesten Schauspieler in Hollywood geworden?
- ➢ Warren Buffett soll, wenn man den Informationen im Internet Glauben schenken darf, als kleiner Junge nie den Satz „Ich liebe dich" gehört haben. Niemand soll ihm einen Gutenacht-Kuss gegeben haben. Mutter Leila, eine bildschöne Brünette, soll den Kindern ge-

genüber sogar kalt und grausam gewesen sein. Jederzeit sollte sie explodieren können, sogar bereit, die Kleinen zu demütigen. Ist er trotzdem einer der reichsten Männer der Welt geworden?

- 1963 wurde bei Stephen Hawking die Krankheit ALS diagnostiziert, eine degenerative Erkrankung des motorischen Nervensystems. Mediziner prophezeiten ihm, nur noch wenige Jahre zu leben. Seit 1968 war er auf einen Rollstuhl angewiesen. Seit 1985 konnte er nicht mehr sprechen und nutzte seitdem bis zu seinem Tod einen Sprachcomputer, den er alleine durch Bewegungen seiner Wangenmuskeln und seiner Augen steuerte. War er trotzdem einer der größten Physiker des 20. Jahrhunderts und Inhaber eines Lehrstuhls in Cambridge?

Auch diese Liste könnte ich nahezu beliebig ergänzen. Wie viele Menschen haben nicht auf „Voraussetzungen", „Schulausbildung" oder „Geldmangel" verwiesen, sondern sich trotz aller (möglicherweise objektiven) Widrigkeiten nicht von Ihrem Weg abbringen lassen?

Ich sage es Ihnen in aller Deutlichkeit:

- Ein Mensch ist niemals das Opfer von äußeren Begleiterscheinungen, sondern nur Opfer seines eigenen Denkens und somit zu 100 Prozent verantwortlich.

Was machen Sie jetzt mit diesem Satz? Werfen Sie das Buch in die Ecke und ärgern Sie sich, wie ich so etwas überhaupt schreiben kann? Oder sind Sie bereit, umzudenken und sich erklären zu lassen, was Sie anders machen können, um aus „Ihrem Kreislauf" herauszukommen? Dann gleich noch ein wichtiger Satz:

- Man ist nie das Opfer seiner Vergangenheit. Jeder kann in der Gegenwart alles denken und seine eigene Zukunft gestalten.

Wenn Sie mir bis hierhin gefolgt sind, dann sollte Ihnen dieser letzte Satz Mut machen. Darum wiederhole ich ihn nochmal:

- Man ist nie das Opfer seiner Vergangenheit. Jeder kann in der Gegenwart alles denken und seine eigene Zukunft gestalten.

Ja, Sie haben richtig gelesen. Jeder kann in der Gegenwart alles denken und seine Zukunft gestalten. Auch Sie. Nein, gerade Sie! Denn Sie haben dieses Buch bis hierhin gelesen und werden, falls Sie weiterlesen, erfahren, was Sie tun können, um Ihr Leben, auch Ihre Gesundheit, mit Hilfe des Siegersystem-Konzepts in den Griff bekommen zu können. Und zwar so, wie Sie es sich wünschen.

14.4. Sind Sie bereit für ein Umdenken?

Die Kernfrage, die Sie sich stellen und für sich beantworten müssen, ist, ob Sie bereit sind, umzudenken. Ist Ihr Leidesdruck so groß, dass Sie unbedingt etwas ändern wollen, um Ihr Leben neu auszurichten?

Falls Sie diese Frage ohne jeden Zweifel mit „Ja" beantworten können, haben Sie jede Chance, dies auch zu erreichen. Was man glauben kann, kann man erreichen. Darum kann man sich auch hohe Ziele setzen, wenn man daran glauben kann. Wenn Sie z.B. glauben, megaerfolgreich leben zu können, dann wird Ihnen das möglich sein.

"Negative" Glaubenssätze hat man auf vielfältige Art und Weise gelernt, z.B. die Welt ist schlecht und betrügerisch. Warum sollte es Ihnen nicht möglich sein, positive Glaubenssätze zu verinnerlichen, auch wenn es womöglich genauso „aufwändig" sein kann, wie "negative" Glaubenssätze gelernt zu haben.

An dieser Stelle merken Sie schon, dass ich auf einen Umstand mit dem rhetorischen Mittel „Ironie" hingewiesen habe. Es war nämlich, da werden Sie mir sicher recht geben, nicht aufwändig für Sie, "negative" Glaubenssätze gelernt zu haben. Warum soll es dann beim Gegenteil schwierig sein?

Ich verrate Ihnen, dass es völlig einfach ist, sich positiv zu programmieren. Sie müssen nur viel bewusster leben und denken und auf Ihr Denken aufpassen. Ich erläutere im Folgenden, wie das mit Hilfe des Siegersystem-Konzepts geht.

14.5. Werfen Sie Ihre Vergangenheit weg

Der wichtigste Schritt, um Ihre Glaubenssätze neu auszurichten, ist, dass Sie Ihre alten "negativen" Glaubenssätze erkennen. Sie können nicht "etwas" auflösen und positiv substituieren, von dem Sie nicht wissen, dass "es" überhaupt existiert.

Somit habe ich nun wieder eine Hausaufgabe für Sie. Ähnlich wie bei meinem Konzept der Resonanz-Pyramide müssen Sie etwas Zeit investieren, wahrscheinlich sogar mehrere Tage.

Nehmen Sie sich einen Zettel und schreiben Sie alles auf, was Sie in Bezug auf sich selbst, Ihr Leben und Ihre Umstände „glauben", also z.B.

- „Ich war ganz ok in der Schule, hätte aber mehr erreichen können, wenn ich nicht so faul gewesen wäre."
- „Meine Eltern hatten wenig Zeit für mich, weil beide viel arbeiten mussten."
- „Mein Vater war sehr streng, meine Mutter hatte es nicht leicht."
- „Ich habe als Kind viel Ärger in der Schule gehabt."
- „Ich war für mein Alter immer sehr klein und oft krank."

Sämtliche aufgeführten Beispiele sind Glaubenssätze, die nur aus Ihrem Blickwinkel stimmen. Alles, an das Sie sich aus Ihrem Leben erinnern können, kann nur subjektiv betrachtet sein, da es eine objektive Betrachtungsweise gar nicht gibt. Egal wer etwas zu Ihren Einschätzungen sagt, er wird es aus der jeweils subjektiven Sichtweise tun. Somit, und das ist der entscheidende Punkt:

- Es gibt keine Wahrheit!

Es war nichts genau so, wie Sie es denken und glauben. Absolut nichts. Alles, was Sie aufschreiben, können Sie nur aus Ihrem Blickwinkel sehen und formulieren, also rein subjektiv. Und somit gibt es auch keine „objektive Wahrheit", sondern grundsätzlich immer nur „viele subjektive Bewertungen".

Wenn man verstanden hat, dass es keine „Wahrheit" bzw. keine „richtige Betrachtung und Bewertung" geben „kann", dann muss man nach meiner Einschätzung bereit sein können, alles, aber auch wirklich alles, einer Überprüfung und Neubewertung unterziehen zu lassen. Und genau dies ist eine Kernaufgabe des Siegersystem-Konzepts.

14.6. Fangen Sie an zu schreiben

Schreiben Sie Ihre Vergangenheit um. Werfen Sie jeden Ballast ab, denn er wirkt wie ein blockierendes Resonanzfeld. „Hätte, hätte, Fahrradkette" bringt Sie nicht weiter. In den ersten fünf Jahren übernehmen Sie die Überzeugungen der Eltern. Der unterbewusste (tatsächliche) Wunsch ist in der

Folge stärker, als der bewusste Wunsch, der von Zweifeln begleitet wird. Diese Zweifel stammen von Eltern, der Familie, Lehrern, Freunden usw. Erkennen Sie diese Glaubensmuster und schreiben Sie sie auf. Was haben Sie negativ in Erinnerung? Schreiben Sie alles, also wirklich alles, was Ihnen einfällt auf. Es wird einige Tage dauern, weil Ihnen im Schlaf immer wieder etwas einfallen wird. Schreiben Sie es auf.

Nachdem Sie alles, was Ihnen eingefallen ist, aufgeschrieben haben, folgt wieder Ihre Einschätzung der Wichtigkeit. Stichwort Relevanz-Pyramide. Lesen Sie jeden Glaubenssatz wieder und wieder, und hören Sie auf Ihre innere Stimme.

Sobald ein Glaubenssatz eine Emotion bei Ihnen hervorruft, egal ob positiv oder negativ, trifft dieser Punkt auf Sie zu. Wenn Sie z.B. sauer werden, weil ein notierter Glaubenssatz auf keinen Fall stimmen kann, dann wird er (leider) gerade auf Sie passen, denn ansonsten würden Sie auf diesen Satz gleichgültig reagieren. Er könnte Sie nicht berühren.

Nachdem Sie alle Glaubenssätze auf Relevanz geprüft haben, können Sie an Hand der Relevanz-Pyramide erkennen, welche Glaubenssätze Sie am meisten berühren, ärgern, auf die Palme bringen. Genau diese Glaubenssätze nehmen Sie sich als erstes vor, weil sie Ihr Leben am meisten beeinflussen, ja wahrscheinlich sogar beeinträchtigen.

Als nächstes formulieren Sie ein positives Pendant zu jedem Glaubenssatz, natürlich ohne eine Verneinung o.ä. Ein paar Beispiele:

Meine Eltern hatten keine Zeit für mich.	Meine Eltern haben sich für mich immer genau die Zeit genommen, die Sie ermöglichen konnten.
Wir hatten immer wenig Geld und mussten fortwährend sparen, um überhaupt über die Runden kommen zu können.	Wir hatten immer genau das Geld, das wir brauchten, um gesund und auskömmlich leben zu können.
Ich war immer zu klein und schwächlich, um mich gegen Mitschüler durchsetzen zu können.	Ich hatte zu meiner Schulzeit immer den Vorteil, etwas kleiner als meine Mitschüler zu sein, weil ich dadurch flinker war.
Ich hatte keine Chance, Abitur zu machen, weil meine Eltern dagegen waren.	Ich habe eine tolle Schulausbildung genossen, die mir Möglichkeiten eröffnete, die Abiturienten nicht haben.
Meine Eltern haben mich immer bevormundet und	Meine Eltern haben sich immer viele Gedanken um mich gemacht und wollten,

mir sogar jeden Tag vorgegeben, wann ich zuhause sein sollte.	dass es mir gut geht und mir nichts passiert.

Absolut jeder "negative" Glaubenssatz kann positiv umformuliert werden. Es gibt in jeder erlebten Situation etwas Positives, und sei es nur, dass man daraus gestärkt hervorgegangen ist.

Diese positiv formulierten Gegenstücke zu Ihren "negativen" Glaubenssätzen werden Sie noch häufig benötigen und einsetzen. Allein schon dadurch, dass Sie sich Gedanken darüber gemacht haben, dass diese blockierenden Glaubenssätze eine positive Betrachtungsweise erfahren können, wird es in Ihrem Unterbewussten nun „arbeiten".

Legen Sie Ihre positiven Formulierungen zur Seite. Wir werden später darauf zurückkommen. Das Siegersystem-Konzept ist ziemlich umfangreich.

14.7. Das Gesetz der Anziehung

Kennen Sie das „Gesetz der Anziehung", auch „Law of Attraction" genannt? Damit ist nicht gemeint, dass man einen anderen Menschen anziehend, also attraktiv, findet, sondern:

> Als Gesetz der Anziehung (englisch law of attraction), auch Resonanzgesetz oder Gesetz der Resonanz, wird in der Selbsthilfe- und Lebensberatungsliteratur die Annahme bezeichnet, dass Gleiches Gleiches anzieht.

Diese Vorstellung bezieht sich speziell auf das Verhältnis zwischen der Gedanken- und Gefühlswelt einer Person und ihren äußeren Lebensbedingungen. Es wird von einer gesetzmäßigen Analogie zwischen Innen- und Außenwelt ausgegangen. Diese Analogie soll nutzbar gemacht werden, indem man durch eine Änderung der persönlichen Einstellung zu gegebenen äußeren Umständen eine analoge Änderung dieser Umstände im gewünschten Sinne herbeizuführen versucht.

Seinen Ursprung findet der Begriff Gesetz der Anziehung im Jahr 1877 in einem Buch der Okkultistin Helena Petrovna Blavatsky.

Gegen Ende des 19. Jahrhunderts wurde der Begriff von den Autoren Prentice Mulford und Ralph Waldo Trine, den ersten Vertretern der Neugeist-Bewegung, und später auch von anderen neugeistig orientierten Autoren, verwendet. Seitdem wurde der Begriff wiederholt von diversen esoterisch orientierten Personen und Gruppierungen aufgegriffen.

Größere Bekanntheit erreichte er 2006 durch den Film "The Secret" und das gleichnamige Buch der Drehbuchautorin und Produzentin Rhonda Byrne[30].

Das Gesetz der Anziehung gilt generell, für alles und alle. Es gilt für alles, das existiert. Jeder Gedanke, den

[30] http://www.thesecret.tv/about/rhonda-byrnes-biography/

> wir denken, jedes Gefühl, das wir fühlen, zieht ähnliche oder gleichartige Gedanken und Gefühle an. Es reicht schon aus, dass wir etwas aufmerksam betrachten. Dies erzeugt Gedanken und jeder Gedanke ruft entsprechende Gefühle und Schwingungsmuster hervor
>
> Diesen Überlegungen liegt die Annahme zugrunde, dass alles Geistige – also Gedanken, Gefühle, Befürchtungen und Wünsche – „Schwingungen" erzeugt. Diese Schwingungen sollen sich von der Person, die sie erzeugt, auf die Außenwelt übertragen und dort entsprechende Wirkungen hervorrufen, unabhängig davon, ob die Person sich dessen bewusst ist oder nicht. Daraus wird die These abgeleitet, ein Kenner und Anwender des Gesetzes der Anziehung könne seine Wünsche durch gezielte Ausrichtung seiner Aufmerksamkeit wahr werden lassen. Das Gesetz der Anziehung wird somit als Werkzeug aufgefasst, mit dem jeder sein Leben nach seinen Wünschen und Vorstellungen gestalten kann.[31]

Dieses „Gesetz der Anziehung" habe ich unzählige Male in meinem Leben erlebt. Ich hege nicht den geringsten Zweifel, dass dieses „Gesetz" universell gilt. Allerdings ist mit diesem „Wissen" eine große Verantwortung verbunden, denn wenn man durch sein Denken seine Umwelt „erzeugt und "anzieht"", dann muss man folgerichtig akzeptieren, dass man für Dinge, die man in der jeweiligen Situation subjektiv als negativ empfindet, verantwortlich ist.

[31] https://de.wikipedia.org/wiki/Gesetz_der_Anziehung

Auf der anderen Seite halte ich es für möglich, Wohlstand, Gesundheit und Glück ins Leben ziehen, indem man lernt, die Macht des Unterbewusstes zielorientiert zu nutzen. Man hat diese Macht, man muss nur lernen, sie für die gewünschten Ziele einzusetzen. Und vor allem muss man seine im Wege stehenden Blockaden auflösen.

14.8. Worauf sollte man beim LOA besonders achten?

Das, was man anziehen möchte, muss man ausstrahlen und fühlen. Wenn Sie sich mit negativen Denkinhalten beschäftigen, dann wundern Sie sich bitte nicht, dass Sie die entsprechenden Inhalte in Ihr Leben ziehen. Wenn Sie etwas „befürchten", geben Sie diesem Gedanken Raum in Ihrem Leben und verleihen ihm Kraft. Somit ziehen Sie genau das, was Sie „befürchten", in Ihr Leben.

Resonanzfelder sind ansteckend. Wir werden dahin gezogen, „was wir wirklich sind". Auch negative Menschen und schlechte Nachrichten wirken auf Sie und Ihren Wünschen entgegen, z.B. durch eine Gruppendynamik. Umgeben Sie sich ausschließlich mit positiven Menschen, die Ihnen wohlgesonnen sind, Sie respektieren, anerkennen, würdigen und achten. Sie werden sehen, dass sich dies positiv auf Ihr Denken und Fühlen auswirkt.

Stoppen Sie jedes problemorientierte Denken, damit Sie nicht die damit einhergehenden Glaubenssätze übernehmen und verstärken. Absolut kontraproduktiv sind "falsche"

Glaubenssätze, Blockaden, Bevormundungen, Schuldgefühle und Ängste. Korrigieren Sie Ihre Sichtweise und versuchen Sie, Begeisterung, Vertrauen und Leidenschaft zu entwickeln und zu verinnerlichen.

Alles dies ist leichter gesagt, als getan, aber Sie lesen dieses Buch natürlich auch, um genaue Handlungsanweisungen zu erhalten, wie Sie diese Herausforderung meistern können.

14.9. Weine nicht über vergossene Milch

Ein erster Schritt lautet:

- Weine nicht über vergossene Milch!

Diese Metapher soll auf einen wichtigen Punkt hinweisen, den man, das ist menschlich, viel zu oft übersieht. Können Sie etwas ändern an dem, was passiert ist? Können Sie das Umfallen und Zerbersten einer Milchflasche rückgängig machen? Sozusagen mit einem Zeitrückreise-Zauberstab?

Die Antwort ist natürlich klar, Sie können es nicht. Wenn eine Milchflasche umgefallen und die Milch ausgelaufen ist, dann können Sie an diesem Ärgernis nichts mehr ändern. Ist es dann sinnvoll, sich darüber zu ärgern? Oder wäre es nicht viel zielführender, das Bestmögliche aus der Situation machen zu wollen, z.B. indem man die restliche Milch sammelt und einer Katze zu trinken gibt?

Dieses einfache Beispiel übertragen Sie bitte auf Ihr komplettes Leben. Ist es sinnvoll, sich über ein verlorenes Fußballspiel zu ärgern? Oder ist es nicht viel vernünftiger, aus der Niederlage zu lernen und für das nächste Spiel etwas mehr zu trainieren und sich positiv zu fokussieren?

Egal, was in Ihrem Leben auch passiert sein mag, es hat Sie nicht umgebracht, oder? Können Sie heute noch irgendetwas ändern, was Ihnen in Ihrer Kindheit, in Ihrer Partnerschaft oder im Beruf widerfahren ist? Und trotzdem belasten Sie sich damit? Vielleicht sogar so sehr, dass es Sie krankgemacht hat? Ist das wirklich sinnvoll, erstrebenswert und der Sinn Ihres Lebens?

Ich möchte Ihnen an dieser Stelle einen meiner Lieblingsfilme ans Herz legen:

- „Ist das Leben nicht schön"

  Originaltitel: "It's a Wonderful Life" ist eine US-amerikanische Tragikomödie unter Regie von Frank Capra aus dem Jahr 1946, basierend auf der Erzählung "The Greatest Gift"" von Philip Van Doren Stern. Der Spielfilm mit James Stewart in der Hauptrolle wurde von der US-amerikanischen Produktionsfirma RKO Pictures verliehen und von Liberty Films produziert.

  Ist das Leben nicht schön? erzählt die Geschichte des sozial engagierten Bürgers George Bailey, der in der Weihnachtsnacht wegen eines Missgeschicks seinen Lebensmut verliert und sich von einer Brücke stürzen

> will – bis er von einem Engel gerettet wird und ihm gezeigt wird, wie seine Heimatstadt aussehen würde, wenn er nie geboren wäre. Trotz kommerziellen Misserfolgs wurde der Film mit der Zeit zum Klassiker und wird von vielen Kritikern als einer der besten Filme aller Zeiten angesehen.[32]

Diesen Film möchte ich Ihnen empfehlen, um Ihnen aufzuzeigen, dass alles, aber auch wirklich alles, in Ihrem Leben einen Sinn hat, den Sie womöglich nicht im ersten Moment erkennen, der Ihnen aber, wenn Sie Glück haben, im Verlaufe Ihres Lebens bewusst wird. Selbst wenn Sie glauben, dass nichts mehr einen Sinn hat, alles ganz furchtbar ist und Sie am liebsten die nächste Brücke runterspringen würden, dann hilft Ihnen dieser Film, den Blickwinkel zu korrigieren.

Ich habe diese Situationen erlebt. Glauben Sie mir, ich wollte alles hinter mir lassen. Aber wenn ich an diesen Film denke, den ich in solch einer schlimmen Situation das erste Mal gesehen habe, dann weiß ich, dass es keine Zufälle gibt. Und meine Empfehlung lautet deshalb:

- Das Leben genießen – JETZT.

Denn für mich ist völlig klar: Vergangenes zu bedauern und sich um die Zukunft zu sorgen, sind Illusionen. Entscheidend ist ausschließlich das Hier und Jetzt. Lassen Sie sich nienienie entmutigen. Nicht die vergossene Milch ist wichtig, sondern Sie als Mensch sind es.

32 https://de.wikipedia.org/wiki/Ist_das_Leben_nicht_sch%C3%B6n%3F

14.10. Voraussetzungen für eine erfolgreiche Umsetzung

Wie haben Sie als kleines Kind laufen oder sprechen gelernt? War es schwierig? Haben Sie beim ersten Misserfolg aufgegeben? Oder sind Sie „dran geblieben", bis Sie es konnten? Was hat dazu geführt, dass Sie es trotz aller Schwierigkeiten immer weiter versucht haben?

Die Antwort ist einfach. Sie hatten zum einen keinen Zweifel, dass Sie laufen und sprechen lernen werden, zum anderen war es nicht Ihr Ziel, zu laufen und zu sprechen, sondern es war Ihr Ziel, irgendwo hin zu kommen und kommunizieren zu können, um Ihre Wünsche verständlich machen zu können. Das Laufen und das Sprechen selbst waren dafür nur notwendige Hilfsmittel, die Sie unterbewusst „erlernt" haben. Sie haben das, was Ihre höchste Relevanz genoss, ohne große Anstrengung gelernt. Zumindest mussten Sie dafür zu keinem Zeitpunkt bewusst „Ihren inneren Schweinehund überwinden".

Wie ist es heute, wenn Sie etwas lernen „müssen", z.B. eine Fremdsprache? Fällt Ihnen dies auch so leicht, wie in Ihren ersten Lebensjahren? Wahrscheinlich nicht, aber woran liegt das?

Zum einen spielt auch hier wieder die Relevanz eine Rolle. Würde das Erlenen der Fremdsprache notwendig sein, damit Sie sich mit Ihrem Traumpartner unterhalten können, dann würde das Erlernen der Sprache keine Arbeit für Sie bedeuten, weil Sie nur das Ziel im Auge haben, sich mit Ihrem Traumpartner austauschen zu können.

Ist jedoch das Erlernen der Sprache nicht so relevant, sondern Sie machen es nur, um z.B. nicht in der Schule sitzen zu bleiben, dann wird das Erlernen der Sprache fast schon zur Qual, zumindest für viele. Wollen ist einfacher, als müssen.

Ich selbst habe dies in einer vergleichbaren Situation erlebt. Ich wollte Schach spielen lernen. Und zwar so gut, dass ich gegen meinen Vater gewinne. Das Durchwälzen von unzähligen Schachbüchern fiel mir dabei leicht, weil es mein oberstes Ziel war, gegen meinen Vater zu gewinnen. Diese hohe Relevanz hat das Lernen leicht gemacht. Und natürlich habe ich mein Ziel erreicht.

Der zweite Punkt ist die Art des Lernens. Wenn Sie „unterbewusst" lernen, z.B. indem Sie sich wochenlang in diesem Land aufhalten und jeden Tag hören, wie um Sie herum gesprochen wird, dann werden Sie gar nicht anders können, als die Sprache immer besser zu verstehen. Nach einiger Zeit werden Sie in der Fremdsprache träumen. Sobald Sie jedoch versuchen, die Grammatik und die Vokabeln bewusst zu pauken, wird es Ihnen schwerer fallen, die Sprache zu verinnerlichen.

Was lernen wir daraus? Zum einen muss es Ihnen wirklich wichtig sein, etwas zu lernen, zum anderen sollte das Lernen „unterbewusst" erfolgen. Nicht zuletzt ist es natürlich wichtig, dass man glaubt, dass man diese Aufgabe meistern wird.

14.11. Gedankenhygiene

Den Begriff „Gedankenhygiene" nutze ich gern, weil er sehr gut bildhaft und beinahe greifbar wiedergibt, worauf man wirklich bewusst achten sollte, in meinen Augen sogar „muss".

Bedenken Sie bitte, dass jeder Gedanke ein Gefühl auslöst, und jedes Gefühl äußert sich früher oder später körperlich. Wenn Sie z.B. denken: „Mir wird bestimmt schwindelig", dann führt dieser Gedanke zu einem Gefühl der Angst und Hilflosigkeit.

Im Körper wird auf Grund dieses Gefühls ein Stresshormon ausgeschüttet. Ihr Herzschlag wird schneller, Ihr Blutdruck steigt. Die Folge kann tatsächlich sein, dass Ihnen schwindelig wird. Somit hat sich der Gedanke bewahrheitet.

Wenn Sie stattdessen denken „Heute geht es mir gut, es wird ein toller Tag", dann werden Sie ein positives Gefühl auslösen, vielleicht Zufriedenheit o.ä. Das heißt, Ihre Gedanken erzeugen Gefühle, die sich in Ihrem Körper manifestieren.

Wenn man nun weiß, dass absolut jeder Gedanke irgendein Gefühl auslöst, das Auswirkungen auf den Körper hat, dann erscheint es mir mehr als ratsam, möglichst nur noch das zu denken, was zu positiven Gefühlen und somit zu angenehmen Körperreaktionen führt.

Da man negative Gedanken nicht vollends vermeiden kann, ist es um so wichtiger, sich diesen Gedanken zu „stellen" und nach Möglichkeit schnellstmöglich aufzulösen. Gehen Sie deshalb Konflikten nicht aus Angst vor Ablehnung oder Kränkung aus dem Weg, sondern versuchen Sie sie in Harmonie und liebevoll aufzulösen, denn Konflikte verschwinden nicht, wenn man sich Ihnen nicht stellt. In Ihrem Inneren bleiben sie bestehen, wirken dort zu Ihrem Nachteil und schwächen Ihre Gesundheit und die Chance auf Erfolg.

Darum ist es sinnvoll, sich klar zu machen, dass man nur das in seinen Kopf lassen sollte, was Sie tatsächlich denken möchten. Ein paar Beispiele, wie Sie auf Ihre Gedankenhygiene achten können:

- Möchten Sie wirklich morgens, mittags und abends negative Nachrichten über Mord und Totschlag, Überschwemmungen, Unglücke usw. sehen und hören?

- Was halten Sie für zielführender für einen guten Nachtschlaf? Einen Horrorfilm, ggfs. einen Krimi mit vielen Toten oder alternativ eine Liebeskomödie mit Happy End?

- Was ist besser für Ihr inneres Gleichgewicht? Ein netter Abend mit der Familie und Freunden? Oder Streit und Stress, weil Sie ja bei irgendeiner „unglaublich wichtigen" Sache recht behalten wollen?

- Was halten Sie für gesundheitsfördernder? Positive Menschen, die Ihnen ein gutes Gefühl vermitteln, oder „Energiediebe", die nur meckern und motzen?

Fragen Sie sich bitte, ob Sie an den vielen „schlechten Nachrichten", die Sie bisher in Ihrem Leben in den Nachrichten, in der Zeitung oder im Radio erfahren haben, irgendetwas ändern konnten. War es wichtig, zu erfahren, dass ein Terroranschlag verübt wurde? Muss man hierüber wirklich informiert sein? Falls Ja, warum? Um „mitreden" zu können?

Ich meine, dass es nur dann sinnvoll sein kann, über Grausamkeiten, Ungerechtigkeiten und Not informiert zu werden, wenn man selbst etwas unternehmen kann, um zu helfen – in allen anderen Fällen kann ich keinen Vorteil oder Nutzen an diesen Informationen erkennen.

Darum meine nachdrückliche Empfehlung: Betreiben Sie Gedankenhygiene, indem Sie mit Ihrer Informationshygiene anfangen. Lassen Sie nur das an sich heran, was für Ihr Leben zielführend ist oder Sie in gute Stimmung versetzt. Leiten Sie Ihre Gedanken auf die positiven Dinge Ihres Lebens. Konzentrieren Sie sich ausschließlich auf das, was Sie glücklich macht und nicht auf das, was nicht gut läuft und Sie (möglicherweise unterbewusst) belastet.

Ein Beispiel: Mutter Teresa wurde zu einer Anti-Kriegs-Demonstration eingeladen. Sie hat abgelehnt. „Ladet mich zu einer Friedens-Demo statt zu einer Anti-Kriegs-Demo ein, dann komme ich", soll sie sinngemäß geantwortet haben.

Darum: Räumen Sie Ihr Bewusstsein auf und entrümpeln Sie. Lassen Sie nur das in Ihre Gedankenwelt, was positiv und aufbauend ist. Sobald Sie sich dazu entschieden haben,

Ihre Gedanken neu zu ordnen und bewusst auf Ihre Gedankenhygiene zu achten, können Sie den nächsten Schritt unternehmen. Erschaffen Sie sich Ihre Wunschwelt.

Dieser Schritt ist alles andere als leicht, da Sie nicht nur auf Ihre Gedanken achten, sondern vorab noch Ihre unterbewussten Glaubenssätze und Blockaden aufgelöst haben müssen. Und dazu müssen Sie felsenfest davon überzeugt sein, dass Sie all das auch „können".

14.12. Verantwortung leben

Wenn Sie mir bis hierhin inhaltlich gefolgt sind und mit mir darin übereinstimmen, dass Sie mit Ihrem Denken, Glauben und Fühlen Ihre Realität mitgestalten, dann werden Sie nie wieder die Verantwortung für Ihr Leben im Außen suchen, sondern sich Ihrer persönlichen Verantwortung für alles Erlebte bewusst sein und bleiben.

Was sich in Ihrem Leben ereignet, ist das eine, wie Sie damit umgehen das andere. Wenn Sie andere oder die Umstände für Ihre Lage und Ihr Erlebtes verantwortlich machen, sitzen Sie in der Falle. Ihrem Leben eine andere Richtung geben können nur Sie, wenn Sie die Verantwortung für Ihr Leben und Ihr Glück übernehmen. Das Größte, was Sie verinnerlichen können, ist zu erkennen, dass das Schöpferische in Ihnen wohnt und zu lernen, damit positiv-konstruktiv umzugehen.

Der Vorteil ist, wenn Sie wissen, dass Sie für alles in Ihrem Leben verantwortlich sind und Sie dies durch Ihr Denken verursachen, dass Sie dadurch das Bewusstsein für die Möglichkeit haben, es jederzeit ändern zu können.

Sobald Sie anerkennen, dass Sie alles in Ihrem Leben durch Ihr Denken verursacht haben, werden Sie nicht mehr über Probleme jammern, sondern Ihr Denken und Fühlen in Harmonie bringen und neu ausrichten. Herzlichen Glückwunsch, Sie sind somit endlich in der Position des Handelnden und nie mehr in der Sackgasse eines Opfers. Werfen Sie einfach in Ihr Herz in die richtige Richtung und gehen Sie hinterher.

14.13. Schließen Sie mit der Vergangenheit Frieden

In all den Jahren habe ich immer wieder feststellen dürfen, dass ein Punkt besonders wichtig ist:

- ➢ Schließen Sie mit Ihrer Vergangenheit Frieden, damit Sie Ihre Zukunft gestalten können.

Jeder, der noch in der Vergangenheit verhaftet ist, sich über Erlebtes und Erfahrenes Gedanken macht, nach dem Warum fragt oder eine Klärung für Verhaltensweisen sucht, womöglich sogar anderen Menschen insgeheim oder auch offen Vorwürfe macht und in negativen Gedanken und Gefühlen gefangen ist, vergeudet Kraft und Zeit. Anstatt sich positiv auszurichten, die sich bietenden Möglichkeiten zu erkennen, Chancen zu nutzen und das Leben zu genießen, kreisen die

Gedanken um Vergangenes und Dinge, die sowieso nicht mehr zu ändern sind, außer das denken darüber.

Ich möchte Ihnen nachdrücklichst empfehlen, mit Ihrer Vergangenheit Frieden zu schließen. Dies habe ich in meiner Tätigkeit als Reframingcoach (reframingcoaching.de) und Omniatherapeut (omniatherapie.de) vielfach positiv unterstützen und begleiten dürfen. Die Ergebnisse und das daraus resultierende "Aufleben" waren fast immer phantastisch, z.T. hatte ich das Gefühl, als wäre jemand neu geboren worden und aus dem Zimmer geschwebt.

Ich möchte Ihnen Mut machen, diesen Schritt zu gehen. Nähere Infos finden Sie auf den angegebenen Webseiten.

14.14. Es gibt weder Kälte noch Dunkelheit

Ich weiß, was jetzt die übliche sofortige Reaktion ist. Wieso gibt es weder Kälte, noch Dunkelheit? In der Arktis ist es kalt und nachts ist es dunkel. Warum soll es beides nicht geben?

Die Antwort ist "physikalisch" recht leicht. In der Physik gibt es eine Temperaturskala, die auf William Thomson, den späteren Lord Kelvin, zurückgeht. Als William Thomson gerade mal 24 Jahre alt war, schlug er eine "absolute" Temperaturskala vor, die vom absoluten Nullpunkt ausgeht, aber die Abstände wie die Celsius-Skala beibehält. Der Gefrierpunkt von Wasser, nämlich 0 Grad Celsius entsprach dann einer Temperatur von 273,15 Grad Kelvin. Seit 1968 heißt die Einheit nur noch Kelvin statt Grad Kelvin, d.h. der absolute Temperaturnullpunkt liegt bei 0 Kelvin und der Gefrierpunkt des Wassers bei 273,15 Kelvin. Soweit der kleine Physik-Exkurs.

Wärme nennt man in der Physik die Energie, die zwischen thermodynamischen Systemen übertragen wird, wenn Temperaturunterschiede bestehen. Den Begriff Kälte gibt es in der Physik nicht. Wärme fließt immer von "warm zu kalt".

Je mehr sich die Atome (bzw. Elektronen, Neutronen, Protonen) eines Körpers bewegen, desto "wärmer" sind sie. Bei 0 Kelvin sind die Bewegungen "eingefroren", allerdings kann man den absoluten Nullpunkt technisch nicht erreichen, sondern sich ihm nur nähern.

Es gibt demgemäß nur unterschiedliche Wärme-Zustände, jedoch keine Kälte. Kälte ist lediglich die Abwesenheit von Wärme.

Etwas einfacher ist diese Sichtweise bei dem Dualismus aus Licht und Dunkelheit verständlich. Es gibt keine Dunkelheit, nur die Abwesenheit von Licht. Wenn Sie z.B. einen hell erleuchteten Raum haben, wird es Ihnen nicht möglich sein, durch die Zugabe von Dunkelheit einen dunkleren Raum zu erschaffen. Ich habe zumindest noch keine Möglichkeit gesehen, Dunkelheit zu kreieren, zu verpacken, zu transportieren und einem hellen Raum hinzufügen.

Warum ist dies für das Siegersystem-Konzept von Bedeutung? Ganz einfach, dieser Exkurs soll Ihnen verdeutlichen, dass die oftmals unantastbaren und als Wirklichkeit und als

Wahrheit "feststehenden" Selbstverständlichkeiten hinterfragt und ad absurdum geführt werden können. Nichts ist so "klar" und feststehend, wie man das gelernt und verinnerlicht hat.

Dies verstehend, ist es für Sie womöglich nun etwas einfacher, auch scheinbar unantastbare "Wahrheiten" hinterfragen und überprüfen zu können und zu wollen. Das eigene "Wissen", das überwiegend nur auf fremden Informationen beruht, auf den Prüfstand zu stellen und andere Möglichkeiten zu akzeptieren, ist nach meiner Einschätzung nicht nur ein guter Schritt, sondern absolut notwendig, um über den eigenen Tellerrand hinausschauen zu können und eine Weiterentwicklung in allen Bereichen zuzulassen.

14.15. Entscheiden Sie sich

Sie haben in meinen Augen das große Glück, an einem Punkt angelangt zu sein, an dem Sie eine Entscheidung für Ihr Leben treffen können. Und zwar ohne im Detail zu wissen, welche Möglichkeiten noch im weiteren Verlauf dieses Buches aufgezeigt werden, Sie auf Ihrem Weg zu unterstützen. Bereits jetzt können Sie eine Entscheidung treffen. Meine Empfehlung lautet:

➢ Entscheiden Sie sich, Ihre Verantwortung für alles, was in Ihrem Leben passiert, anzuerkennen, Ihr Denken fokussiert auf das Positive und Gute, was Sie wirklich wollen, auszurichten und das Heft des Handelns in Ihren Händen zu behalten. Entscheiden Sie sich unter

> diesem Blickwinkel für Frieden, Harmonie, Güte, Freude, Glück und vor allem Liebe und Vertrauen. Lassen Sie immer das Gute in sich entscheiden und überlassen Sie niemals Dritten oder äußeren Umständen die Entscheidung. Das Gute entscheidet nicht für Sie, sondern durch Sie. Entscheiden Sie sich dafür, ein Glücks- und Erfolgsmagnet zu sein.

Wer keine Entscheidungen trifft, darf sich nicht wundern, wenn andere die Entscheidungen für ihn treffen. Wer sich nicht entscheidet, hat sich entschieden, andere entscheiden zu lassen, nämlich den Durchschnitt, das Massenbewusstsein. Wollen Sie das? Oder sind Sie bereit, Ihre Verantwortung anzuerkennen, anzunehmen und zu leben?

Wenn Sie nicht handeln, werden Sie behandelt. Setzen Sie sich ans Steuer Ihres Lebens, lassen Sie Ihren inneren Motor an, geben Sie Gas und fahren Sie in Ihre gewünschte Richtung los. Nur dann können Sie tatsächlich Ihr eigenes Ziel erreichen. Alles, was Sie denken und fühlen, ist Ihnen möglich, es ist nur eine "Sünde", gegen diese Lebensgesetze zu verstoßen.

Sie müssen übrigens nicht von sich erwarten, sofort alles richtig zu machen. Niemand ist perfekt. Das Leben verzeiht Fehler und ist nicht nachtragend. Sie können sich jeden Tag entscheiden und Ihr Bewusstsein neu ausrichten. Wo ein Wille ist, da ist auch ein Weg. Immer. Das Glück liebt die "Macher". Ist das nicht eine hervorragende Perspektive?

Wichtig ist nur, dass Sie sich entscheiden, denn wie jede Reise mit einem ersten Schritt beginnt, ist auch Ihre bewusste Entscheidung, wie Sie Ihr Leben nun in voller Verantwortung leben möchten, ein erster Schritt. Nur was Sie vor sich herschieben oder aufschieben, wird größer und übermächtig, ähnlich wie eine Schneekugel im Schnee.

Und denken Sie vor allem daran, so banal es sich auch anhören mag:

- Eine Entscheidung kann sich als "richtig" oder "falsch" herausstellen, keine Entscheidung ist jedoch immer falsch.

14.16. Weisheit des „Papa"

Auf jeden Fall bin ich fest davon überzeugt, dass sich jede „Anstrengung" auf Ihrem neuen Weg lohnt. Davon versuche ich auch meine Kinder zu überzeugen. So formulierte ich - aufbauend auf ein altes chinesisches Sprichwort - eine „Weisheit des Papa", die ich an der Wand im Zimmer meines Sohns befestigte. Hier eine ergänzte Fassung, die Sie evtl. bereits kennen, die ich aber gerne wiederhole:

- NUR ICH bin verantwortlich für meine Gedanken.
- NUR ICH bin verantwortlich für meine Worte.
- NUR ICH bin verantwortlich für meine Gefühle.

- NUR ICH bin verantwortlich für meine Überzeugungen.
- NUR ICH bin verantwortlich für meine Entscheidungen.
- NUR ICH bin verantwortlich für mein Handeln.
- NUR ICH bin verantwortlich für meine Gewohnheiten.
- NUR ICH bin verantwortlich für meine Eigenschaften.
- NUR ICH bin verantwortlich für meinen Charakter.
- NUR ICH bin verantwortlich für meine Realität.
- NUR ICH bin verantwortlich für mein Schicksal.
- NUR ICH bin verantwortlich für mein Leben.
- NUR ICH bin verantwortlich für MICH.

15. Schlaf und Träume

15.1. Was ist schlafen?

Was ist eigentlich "schlafen"?

> Schlaf ist ein Zustand der äußeren Ruhe bei Menschen und Tieren. Dabei unterscheiden sich viele Lebenszeichen von denen des Wachzustands. Puls, Atemfrequenz und Blutdruck sinken bei Primaten und anderen höheren Lebewesen im sogenannten NREM-Schlaf ab und die Gehirnaktivität verändert sich. Das Schließen der Augen während des NREM-Schlafs unterstützt diese Funktion.

> Im sogenannten REM-Schlaf, auch als „paradoxer Schlaf" bezeichnet, finden sich hingegen Zustände, die denen des Wach-Seins ähneln, insbesondere eine erhöhte Gehirnaktivität (an Träume aus dieser Phase erinnert man sich am häufigsten) und ein Anstieg von Herz- und Atemfrequenz sowie des Blutdrucks. Ausgenommen von diesem „aktiven Schlafzustand" ist die Muskulatur, die im REM-Schlaf blockiert wird (Atonie). Dadurch lebt der Träumende seine im Traum erlebten motorischen Handlungen nicht aus. Mit den Störungen und der Physiologie des Schlafs beschäftigt sich ein eigenes Teilgebiet der Medizin, die Somnologie (Schlafmedizin oder auch Schlafforschung).
>
> Die Funktionen des Schlafs sind erst teilweise aufgeklärt. Sicher ist, dass Menschen und viele Tiere schlafen müssen, um zu überleben, der genaue Grund ist jedoch noch unbekannt. Schlafentzug ist eine verbreitete Foltermaßnahme.
>
> Verhältnismäßig neu sind Bestrebungen, kulturelle und geschichtliche Unterschiede und Veränderungen in den Schlafgewohnheiten zu dokumentieren und zu beurteilen. Dies soll eines Tages ermöglichen, genauere Informationen über die evolutionären Ursachen des Schlafs zu ermitteln.[33]

Was als sicher gilt, ist, dass das Bewusstsein beim Schlafen ruht. Interessanterweise scheint der Körper während des

[33] https://de.wikipedia.org/wiki/Schlaf

Schlafs besser zu heilen, als während der Wachphasen. Deshalb hören Kranke und Verletzte so häufig, dass sie schlafen sollen, um zu gesunden.

15.2. Was hindert am ruhigen Einschlafen?

Wichtig ist, dass man unbelastet und im Vertrauen einschläft. So sind z.B. Albträume Reaktion auf schlechte Nachrichten, Gruselromane oder Horrorfilme. Das Unterbewusste kann nämlich Reales nicht von Irrealem unterscheiden.

Deshalb empfehle ich immer, vor dem Einschlafen möglichst keine Nachrichten und "aufwühlenden" Sendungen oder Filme zu sehen. Dass dies für viele Menschen unmöglich erscheint, weil gerade abends jede Menge Nachrichtensendungen und spannende Spielfilme gezeigt werden, ist mir klar. Sollte es jedoch mal der Fall sein, dass Sie schlecht ein- oder durchschlafen können, dann probieren Sie bitte einfach aus, ob sich Ihr Ein- und Durchschlafverhalten verbessert, wenn Sie "unbelastet" zu Bett gehen, z.B. mit einem emotional positiven Buch o.ä.

15.3. Affirmationen vor dem Einschlafen

Um das Einschlafen positiv zu nutzen und ruhiger durchzuschlafen, hilft es auch, gedanklich positive Affirmationen zu wiederholen, z.B. kurze einfache Sätze mit dem Inhalt von Frieden und Harmonie. Wenn Sie merken, dass Sie mit Ihren

Gedanken "abdriften", dann korrigieren Sie Ihren Gedankennebel und disziplinieren Ihre Gedanken. Denken Sie sich zurück zu Ihren positiven Affirmationen, immer und immer wieder. Trainieren Sie dies jeden Tag, z.B. mit:

- Vertrauen
- Mut
- Frieden
- Glück
- Liebe
- Reichtum
- Gesundheit

Auf keinen Fall dürfen Sie beim Einschlafen Symptome oder Negatives erwähnen, sondern nur das gewünschte Ziel, z.B. dass Sie innere Erfolgsenergie aktivieren möchten. Visualisieren Sie vor dem Einschlafen Gesundheit, Glück und Wohlstand. Affirmieren Sie, dass die unendliche Intelligenz, die Sie erschaffen hat, Sie auf einen guten Weg führt und Ihnen zur Seite steht. Das Unterbewusste muss es verstehen und glauben. Denken Sie dabei auf keinen Fall an die aktuelle Situation, sondern nur an Ihr Ziel.

Sie können auch mit etwas Übung Ihre Träume programmieren (eine Bestellung aufgeben), z.B.

- Ich träume klar und deutlich. Ich erinnere mich morgen früh an das Geträumte. Ich erkenne die Bedeutung des Geträumten für mein Leben.

Beachten Sie aber, dass Sie nichts mit Zweifeln oder als Zukunftsvision formulieren, z.B.

- Ich hoffe, ich werde gesund.

Es ist "schön", dass Sie hoffen. Diese Hoffnung dürfen Sie "behalten", aber es wird Ihnen nichts auf Ihrem Weg zum Ziel helfen. Stattdessen ist es wichtig, dass Sie Ihre Worte in dem festen Vertrauen auf einen selbstverständlichen Anspruch so formulieren, als hätten Sie schon erhalten, was Sie sich wünschen.

Das letzte Wort zur guten Nacht sollte sein:

- Danke!

15.4. Träume

Was sind Träume?

> Ein Traum ist eine psychische Aktivität während des Schlafes. Er wird als besondere Form des Erlebens im Schlaf charakterisiert, das häufig von lebhaften Bildern begleitet und mit intensiven Gefühlen verbunden ist. Der Träumende kann sich nach dem Erwachen meist nur teilweise oder gar nicht erinnern.

> Robert Stickgold (2001) beschreibt Träume als „bizarre oder halluzinatorische mentale Aktivität [...] die während eines Kontinuums an Schlaf- und Wachstadien einsetzt".
>
> Stanley Krippner u.a. (1994) beschreiben den Traum in der Psychologie als „[...] eine Serie von Bildern, die während des Schlafes auftritt und oft verbal berichtet wird".
>
> Der Neuropsychologe John Allan Hobson beschreibt den Traum als „[...] a form of madness" (eine Form von Wahnsinn) (1998).
>
> Die Interpretation des Erlebten findet in der „Oneirologie" (Traumdeutung) statt.
>
> Fantasievorstellungen und Imaginationen, die im wachen Bewusstseinszustand erlebt werden, werden als Tagtraum bezeichnet.

Das Träumen wird oftmals interpretiert als das Sprachrohr der Seele. Dementsprechend soll man durch das eigene Träumen herausfinden können, was man wirklich glaubt und fühlt.

Träume mit Kraft wirken vor allem immer konstruktiv und lösungsorientiert, ansonsten sind sie eine Rechtfertigung von Misserfolg.

Eine Traumdeutung kann ein zielführendes Hilfsmittel sein, wobei die Traumdeutung schwierig ist. Dabei ist ausschließlich der erste Satz des Traumes wichtig, der auf eine Erinnerung oder auf eine aktuelle Situation schließen lässt.

15.5. Luzides Träumen

Ein spannender Weg, Träume zu erkennen und sogar zu beeinflussen, ist luzides Träumen. Was versteht man darunter?

> Ein Klartraum, auch luzider Traum (von lateinisch lux, lūcis „Licht"), ist ein Traum, in dem der Träumer sich dessen bewusst ist, dass er träumt.
>
> Paul Tholey, der bedeutendste deutsche Klartraumforscher, formulierte dies folgendermaßen:
>
> „Klarträume sind solche Träume, in denen man völlige Klarheit darüber besitzt, dass man träumt und nach eigenem Entschluss handeln kann."
>
> Bei dieser Definition stützte sich Tholey auf die Philosophin Celia Green und den Psychologen Charles Tart. Tholey und der US-amerikanische Psychologe Stephen LaBerge sind die beiden zentralen Pioniere auf dem Gebiet der modernen Klartraumforschung. Die Fähigkeit, Klarträume zu erleben, hat vermutlich jeder Mensch, und man kann lernen, diese Form des Träu-

mens herbeizuführen. Ein Mensch, der gezielt Klarträume erleben kann, wird auch Oneironaut genannt (von gr. oneiros „Traum" und nautēs „Seefahrer").

Die Definition des Begriffs „Klartraum" ist nicht einheitlich. So schlug Celia Green 1968 folgende Beschreibung vor: „Ein luzider Traum ist ein Traum, in dem sich der Träumende seines Traumes bewusst ist." Diese Mindestvoraussetzung wird heute allgemein akzeptiert, jedoch fordern andere Autoren zusätzliche Merkmale.

Tholey präzisierte den Unterschied zwischen gewöhnlichen Träumen und Klarträumen anhand von sieben Klarheitskriterien:

1. „Klarheit über den Bewusstheitszustand: darüber, dass man träumt.

2. Klarheit über die eigene Entscheidungsfreiheit: darüber, ob man z. B. vor einer Alptraumfigur reißaus nimmt oder sich mit ihr anzufreunden versucht.

3. Klarheit des Bewusstseins: im Gegensatz zum Trübungs-, Verwirrtheits- oder Dämmerungszustand.

4. Klarheit über das Wachleben: darüber, wer man ist und was man sich für diesen Traum vorgenommen hat.

5. Klarheit der Wahrnehmung: dessen, was man sieht, hört, riecht, schmeckt und fühlt.

6. Klarheit über den Sinn des Traums.

7. Klarheit über die Erinnerung an den Traum: Man beachte, dass sich dieser Klarheitsbegriff im Gegensatz zu den anderen nur indirekt auf den Traumzustand bezieht.

Die Erfüllung dieser Klarheitskriterien eins bis vier ist für Tholey notwendig, wenn von einem Klartraum gesprochen werden soll, die Kriterien fünf bis sieben können zusätzlich ebenfalls erfüllt sein.

Der Aspekt, dass der Träumer Klarheit über den Sinn des Traumes hat, stellt für Tholey den wirklichen „Königsweg" zum Unbewussten dar – in Anspielung auf Sigmund Freuds Traumdeutung.

Wenn erste Ansätze von Klarheit vorhanden sind, diese jedoch nicht vollständig den ersten vier Kriterien genügen, kann man von einem präluziden Traum sprechen. So kann ein Träumer sich durchaus die Frage stellen, ob er denn träume, ohne jedoch zur Erkenntnis des Traumzustands zu gelangen – und der Ansatz der Klarheit verschwindet.

Durch das Erkennen des eigenen Traumzustands ist es möglich, in bestimmten Grenzen in den Traum einzugreifen und planvoll im Traumgeschehen zu handeln. Dabei sind dann nicht nur die eigenen Handlungen möglich, sondern auch – zumindest innerhalb meist enger Grenzen – eine gewisse Beeinflussung der Traumumgebung und der Traumfiguren.

Meist werden Traumfiguren durch sprachliche Kommunikation und Handlungen des Träumers innerhalb des Traumgeschehens beeinflusst. Die Wahrnehmung der Traumhandlung reicht dabei von verschwommen und unzusammenhängend über realistische Wahrnehmung bis hin zu „hyperrealistischer Wahrnehmung", bei der das Geschehen „realistischer als die Realität selbst" wirkt.

Ähnlich wirken durch Halluzinogene verstärkte Sinneseindrücke. Die kognitiven Fähigkeiten im Traumzustand sind verändert. So kann beispielsweise der Träumer oft keine komplizierten Rechenaufgaben lösen. Ob derartige Beschränkungen überwindbar sind, wird derzeit erforscht. Die Existenz von Klarträumen wurde jedoch bereits wissenschaftlich exakt nachgewiesen.

Das Wissen um das luzide Träumen ist noch wenig verbreitet. Die meisten Menschen sind davon überzeugt, dass sie nicht in ihre Träume handelnd eingreifen können. Manche Menschen erleben allerdings spontan Klarträume. Andere bedienen sich verschiedener Techniken (s. u.), jedoch gibt es trotz intensiver Forschung bis heute keine reproduzierbare Methode,

> um Klarträume sicher hervorzurufen. Auch ist der Zeitraum zwischen Beginn des Einübens von entsprechenden Techniken der Erzeugung von Klarträumen und den ersten Erfolgen individuell sehr unterschiedlich. So berichtet Tholey von schnellen Erfolgen beim Erreichen erster Klarträume innerhalb weniger Tage nach dem Beginn des Übens, aber auch von langwierigen Übungsphasen.[34]

Es gibt eine ganze Reihe von Übungstechniken, um luzides Träumen zu trainieren. Ich selbst habe es ausprobiert und mehrfach Erfolg gehabt. Eine sehr spannende Erfahrung.

15.6. Traumanalyse

Ein Bestandteil des Siegersystem-Konzepts kann eine Traumanalyse sein. Was versteht man darunter?

> Traumdeutung bzw. Oneirologie (griechisch ὄνειρος oneiros, deutsch ‚der Traum') bezeichnet jene Tätigkeiten und weltanschaulichen Konzepte, die hinter den im Traum erlebten Bildern, Handlungen und Gefühlen jeweils eine bestimmte, meist wichtige symbolische Botschaft vermuten und versuchen, sie methodisch zu deuten.

[34] https://de.wikipedia.org/wiki/Klartraum

Die moderne Traumdeutung beruht auf den Forschungen Sigmund Freuds, dessen psychoanalytische Theorie das Traumgeschehen als wichtige Informationsquelle über unbewusste Erlebensweisen des Menschen auffasst. In zahlreichen Publikationen legt sie eine Theorie dar, welche die Entstehung und Bedeutung der Träume sowie ihre Deutung systematisiert. In seinem Werk "Die Traumdeutung" bezeichnet Freud solche Arbeit deswegen auch als Traumanalyse.

In den Neurowissenschaften sind der Stellenwert und die Sinnhaftigkeit einer tiefenpsychologischen Traumdeutung umstritten. Francis Crick und Graeme Mitchison beispielsweise führen das Traumphänomen auf neuronale und kognitive Prozesse des Gehirns zurück, in deren Verlauf unwichtige Verhaltensmodi gelöscht würden; eine Deutung der Träume sei deswegen nicht erforderlich.

Andere Wissenschaftler interpretieren bestimmte Befunde ihrer experimentellen Forschung als Bestätigung einiger der Grundannahmen der psychoanalytischen Traumdeutung. Unter anderen sehen Gerhard Roth und Marc Solms eine mögliche Parallele zwischen dem freudschen Unbewussten einerseits und einem speziellen Phänomen andererseits, das sie durch den Vergleich der durch die Tomografie sichtbar gemachten Gehirnprozesse mit den bewussten Denkinhalten der während des Versuchs befragten Probanden entdeckten: Die neuronale Aktivität eines mit ei-

> nem Bild oder einer zu lösenden Aufgabe konfrontierten Gehirns nimmt eine Weile zu, ohne dass dem Probanden währenddessen ein Gedanke oder Gefühl schon bewusst würde, so scheinen z.B. auch die „Entscheidungen" bereits lange vor ihrer Bewusstwerdung „gefällt" zu werden. Roth erachtet dieses Phänomen als indirekten Beleg für das von Freud angenommene Strukturmodell der Psyche, das von wesentlicher Bedeutung für die Traumanalyse ist.[35]

Das Thema Traumdeutung bzw. Traumanalyse ist zu umfangreich, um es an dieser Stelle ausführlich darlegen zu können. Für das Siegersystem-Konzept spielt die Traumanalyse eine untergeordnete Rolle. Wenn sich der Protagonist an einen Traum erinnern kann, werden der erste und der letzte Satz dieses Traumes betrachtet und besprochen, da diese beiden Sätze nach meiner Erfahrung die beiden wichtigsten "Aussagen" beinhalten.

[35] https://de.wikipedia.org/wiki/Traumdeutung

16. Affirmationen und Suggestionen

Da der Inhalt "Affirmationen und Suggestionen" für das Siegersystem-Konzept sehr wichtig ist, muss ich ggfs. bekannte Teile übernehmen und ergänzen.

16.1. Was sind Affirmationen und Suggestionen?

Affirmationen und Suggestionen werden wie folgt beschrieben:

Die Affirmation (lateinisch affirmatiō für „Versicherung, Beteuerung“) ist eine wertende Eigenschaft für prozedurale, kognitive oder logische Entitäten, die mit „Bejahung“, „Zustimmung“, „positiver Wertung“ oder „Zuordnung“ beschrieben werden kann.

Bezogen auf individuelle und kollektive Gedanken, Aussagen und Handlungen (hier besonders: Gebete und Mantras) und mit durchaus sehr unterschiedlichen Zielen (z. B. Selbstheilung, Erkenntnis, Erleuchtung ...) werden Affirmationen verstanden als eine bewusst ausgedrückte Haltung (siehe auch Positives Denken), die das System aus sich selbst heraus positiv beeinflusst.

Wenn auch in zahlreichen Richtungen und Schulen traditioneller und zeitgenössischer Weisheitslehren aus den Bereichen Spiritualität, Religion und Esoterik unzählige diesbezügliche Praktiken bekannt sind, entstehen Fragen betreffend der Kausalität von Affirmationen und ihren koinzidenten Folgen.

So zeigen sich aus heutiger Sicht erkenntnistheoretische Hürden, die u. a. auch in fehlenden geeigneten methodologischen Ansätzen begründet sind. Das systematische Sammeln und Auswerten authentischer Berichte und historischer Niederschriften über mut-

> maßliche affirmative Wirkungen kann eine Auseinandersetzung mit Themen sein, die im Bereich der diskussionswürdigen Parapsychologie liegen.[36]

sowie:

> Der Begriff Suggestion wurde im 17./18. Jahrhundert eingeführt und bezeichnet die manipulative Beeinflussung einer Vorstellung oder Empfindung mit der Folge, dass die Manipulation nicht wahrgenommen wird oder zumindest zeitweise für das Bewusstsein nicht abrufbereit ist. Etymologisch ist er zurückführbar auf das lateinische Substantiv suggestio, -onis, was so viel bedeutet wie Hinzufügung, Eingebung oder Einflüsterung, oder auf das lateinische Verb suggerĕre (zuführen, unterschieben).
>
> Die Psychologie versteht unter Suggestion – der Begriff wurde erstmals von James Braid verwendet – eine Beeinflussungsform von Fühlen, Denken und Handeln. Abgrenzungen oder Unterschiede zu Nachbarbereichen werden dabei allerdings kaum thematisiert. Es wird unterschieden zwischen der Autosuggestion und der Heterosuggestion, also der Beeinflussung durch sich selbst oder durch andere.
>
> Im Themengebiet der Hypnose stellen Suggestionen unmittelbar wirkende Eingebungen durch den Hypno-

[36] https://de.wikipedia.org/wiki/Affirmation

tisierenden dar. Posthypnotische Suggestionen wirken hingegen erst nach der Hypnose, meist auf einen vorher festgelegten Hinweisreiz (z.B. ein Wort oder eine Geste).

Zu unterscheiden ist jedenfalls zwischen Suggestion als Akt bzw. Ergebnis, Suggestibilität als Bereitschaft jener Person, der suggeriert werden soll, und Suggestivität als Potenzial, eine Suggestion platzieren zu können. In diesem Verständnis von Suggestivität kann Suggestibilität dann auch als Auto-Suggestivität – freilich anhand eines äußeren Reizes – verstanden werden.

Die Begriffe „Suggestion" und insbesondere die „Suggestibilität" werden oft auch verwendet als Synonyme für Willensbeeinflussung, Machtausübung, Gutgläubigkeit, Beeinflussbarkeit und Willensschwäche.

Bereits vor Entwicklung der Psychoanalyse nutzte Josef Breuer Suggestionen, um Hysterie zu heilen. Die Symptome werden in dieser Technik durch Auflegen einer Suggestion bekämpft, wobei die Wirkung im Laufe der Zeit verblasst und die Behandlung erneuert werden muss.

Weitere alltägliche Effekte, bei denen Suggestionen als Erklärungsansatz dienen können:

- Placebo-Effekt

- Selbsterfüllende Prophezeiung
- Werbung

Entsprechend der Bedeutung der Unterschiebung wird der Begriff Suggestion auch bei der so genannten Suggestivfrage verwendet. Dabei ist das Ziel des Fragenden, den Inhalt der Antwort direkt beim Befragten zu beeinflussen. (Beispiel: Sie waren doch am Tatort? – was beim Gegenüber eher die Antwort ja hervorrufen kann.). Diese Beeinflussung kann bereits über Mimik und Gestik, aber auch den verbalen Ausdruck geschehen. Beispielsweise gibt es unter Kellnern einen alten Trick, nach dem der Gast bei der Frage, ob man ihm nachschenken solle, durch ein leichtes Kopfnicken bzw. Kopfschütteln beeinflusst werden kann.

Suggestionen erzeugen in der Psyche labile Zustände, die im Normalfall nach einer gewissen Latenzzeit wieder in den Ausgangszustand zurückkehren.[37]

16.2. Gesetz der Affirmation

Affirmationen sind ständig wiederholte Gedanken oder Worte, die sich sukzessive im Unbewusstsein verankern und ein Bestandteil der unterbewussten Programmierung werden. Diese "Verankerungen" steuern das Verhalten, das Agieren und Reagieren.

[37] https://de.wikipedia.org/wiki/Suggestion

Alle Menschen affirmieren unbewusst fortwährend. Ständig werden Gedanken wiederholt, bis sie sich im Unterbewusste verfestigt haben und die Gedanken zur Realität werden.

Es spielt dabei keine Rolle, ob Gedanken einen positiven oder negativen Inhalt haben. Egal was wiederholt gedacht und geglaubt wird, es wird sich in der Realität bestätigen.

Das Unterbewusste funktioniert wie ein Computerprogramm. Eingaben über die Tastatur werden angenommen und ausgeführt. Ein Computer wehrt sich ähnlich wie das Unterbewusste nicht gegen Tastatureingaben oder Programmbefehle.

Das Ergebnis ist folgerichtig, dass vergleichbar mit einer Computerprogrammierung auch das Unterbewusste Affirmationen annimmt und dies zu einer Beeinflussung von Gedanken und Gefühlen führt.

Im Unterschied zu einem Computer ist das Unterbewusste empfänglicher bei Wiederholungen, d.h. die Relevanz einer Affirmation gewinnt an Stärke, wenn der Gedanke immer und immer wieder neu gedacht wird. Und zwar unabhängig davon, ob das Gedachte mit dem Gewünschten übereinstimmt. Ein Beispiel:

Wenn Sie im Urlaub weilen und sich immer wieder auf das "Negative" konzentrieren, z.B. einen nicht ganz so leckeren Kaffee zum Frühstück, dann werden Ihre Gedanken sich immer mehr damit "abfinden", dass der Urlaub nicht schön ist und Ihr Perspektiv wird selektiv alles Negative finden und bestätigen. Letztendlich werden Sie negative Bilder affirmieren, das Ergebnis wird lauten:

- Ihr Denken und Glauben ist negativ, d.h. Sie affirmieren negativ und ziehen Negatives an.
- Ihr "Wunsch" wird erfüllt, alles Negative wird eintreten und Sie in Ihrem Denken und Glauben bestätigen.
- Sie erinnern sich in Jahren in erster Linie an einen "unschönen" Urlaub und denken negativ über Ihre Urlaubserfahrungen.

Um diesem Teufelskreislauf zu entkommen, müssen Sie das "Gesetz der Affirmation" kennen und für sich nutzen.

- Sorgen Sie dafür, dass Ihre Gedanken positiv sind und Sie nur positiv affirmieren.
- Das Unterbewusste kann keine Negationen programmieren, es ignoriert sie einfach.
- Formulieren Sie im Präsens, als wäre die Affirmation bereits eingetreten und fühlen Sie sich in das positive Ergebnis hinein.
- Unterstützen Sie Ihre Affirmationen mit den Worten und dem Gefühl des Dankes.

- Je nachdrücklicher und vertrauensvoller Sie denken und affirmieren, desto schneller wird das eintreten, was Sie "anziehen".

Der Kaffee könnte vielleicht weiterhin nicht so lecker sein, aber der Ausblick ist phantastisch, das Bier ist schön kühl, die Sonne scheint usw.

16.3. Tägliche Affirmationen und Suggestionen

Da Affirmationen nichts Anderes sind, als ständig wiederholte Gedanken, haben Sie, seitdem Sie bewusst denken können, fortwährend affirmiert. Es war Ihnen nur nicht bewusst. Dazu haben Sie insbesondere auch Affirmationen gewählt, die Sie gerade nicht Ihrem Wunsch oder Ihrer Zielvorstellung näher gebracht haben. Und zwar, weil Sie nicht darüber aufgeklärt gewesen sind, was Sie mit Ihren Affirmationen bewirken.

Ähnlich verhält es sich mit Suggestionen. Sobald Sie mit anderen "Lebewesen" interagiert haben, wurden Sie unentwegt mit Suggestionen konfrontiert. Dabei ist es egal, ob Ihre Eltern gelächelt haben, als Sie die ersten Schritte getätigt haben, oder ob Ihre Katze geschnurrt hat, als sie von Ihnen gestreichelt wurde.

Die inneren Dialoge und Empfindungen bei Affirmationen und Suggestionen werden dabei immer so interpretiert, dass Ihre Überzeugungen verstärkt und manifestiert werden. Und dies führt zu einem Problem, nämlich:

16.4. Warum Affirmationen nicht reichen

In unzähligen Büchern findet man, dass man nur oft genug einen Gedanken wiederholen muss, dann wird er automatisch den Weg ins Unterbewusste finden, sich dort als Wahrheit verankern, um die Realität zielorientiert zu beeinflussen. Wenn dem so wäre, müssten alle Menschen, die sich mit diesem Thema befasst haben und die Übungen anwenden, genau das erreicht haben, was sie sich gewünscht haben. Dem ist jedoch keinesfalls so.

Ich bin, welche Überraschung, keinesfalls der Meinung, dass es ausreicht, positive Affirmationen zu formulieren und sich diese immer wieder vorzusagen oder in Gedanken zu wiederholen, um das Gewünschte zu erreichen bzw. zu manifestieren.

- Affirmationen reichen nicht.

Tatsächlich kaufen "Suchende" immer wieder neue Bücher, die in Aussicht stellen, dass man genau das in sein Leben zieht, was man tatsächlich möchte, indem man nur intensiv genug "das Richtige" denkt und wiederholt. Wenn es also so einfach wäre, mit dem Wiederholen von Gedanken das eigene Leben positiv zu beeinflussen, dann müsste dies millionenfach belegt sein. Ist dem so?

Nach meiner Erfahrung gehört etwas Substanzielles dazu, um das Gewünschte Realität werden zu lassen, es muss im Unterbewusste geglaubt werden, man muss darauf vertrauen, dass es eintritt. Ich bin sicher, dass Sie mit Hilfe des

Siegersystem-Konzepts erfolgreich sein können, Ihre Wünsche zu glauben und damit auch in Ihr Leben zu ziehen.

16.5. Affirmation + Glaube + Vertrauen = Erfolg

Stellen Sie sich vor, Sie affirmieren sich jeden Tag zehn Mal:

➢ "Ich bin Millionär."

Was passiert "in Ihnen", wenn Sie diesen Gedanken wiederholen? Gut, falls Sie Millionär sein sollten, ist die Frage einfach zu beantworten. Was passiert aber, wenn Sie ganz im Gegenteil jeden Monat darüber nachdenken, warum der Monat noch ein paar Tage hat, obwohl das Bankkonto sich schon im Minus befindet?

Wenn Sie in Wirklichkeit "knapp bei Kasse" sind und sich nur wünschen, Millionär zu sein, dann können Sie sich diese Affirmation nach meiner festen Überzeugung jeden Tag 100-fach vorbeten, es wird keine positive Auswirkung auf Ihr Bankkonto haben.

Achten Sie einfach mal auf sich, wenn Sie einen solchen oder einen ähnlichen Gedanken wiederholen. Sträubt sich "Ihr Bauchgefühl" gegen diese Affirmation? Gibt es einen spontanen Widerspruch mit dem Inhalt "Was für ein Quatsch, ich bin doch in Wirklichkeit kein Millionär."

➢ Und genau darum reichen Affirmationen nicht aus.

Entscheidend für eine positive Sogwirkung (Gesetz der Affirmation) ist es, dass Sie die Affirmation glauben und der Erfüllung vertrauen. Ein Beispiel:

Als Kind hatten Sie (hoffentlich) keinen Zweifel, dass Sie das Fahrrad fahren erlenen. In Gedanken wiederholten Sie ständig folgende Affirmation:

➢ Ich kann das, ich werde Fahrrad fahren.

Das Gute war, dass Sie diese Affirmation auch tatsächlich geglaubt haben und ganz sicher waren, das Ergebnis zu erreichen. Sie hatten den Glauben und das Vertrauen, das nötig war, diese Affirmation zu verwirklichen.

Nun haben Sie in Ihrem Leben wahrscheinlich schon hundertfach Suggestionen gehört wie z.B.

- Das kannst Du nicht.
- Sei vorsichtig, Du stürzt sonst.

Hätten Sie diese Suggestionen verinnerlicht und fest geglaubt, niemals Fahrrad fahren zu können, dann wäre das Ergebnis des Fahrrad fahren Übens ganz sicher nicht positiv ausgefallen.

Damit sich also das manifestiert, was Sie anstreben, reichen Affirmationen alleine nicht aus, sondern die entscheidenden Eckpfeiler heißen:

- Glaube und Vertrauen!

Die Frage ist, wie kann man erreichen, dass man Affirmationen wiederholt und dabei an den Inhalt glaubt und auf deren Erfüllung vertraut? Dabei kann und soll Ihnen das Siegersystem-Konzept helfen, wenn Sie es zulassen.

17. Hypnose und Trance

17.1. Was ist Hypnose?

Was versteht man unter Hypnose?

Als Hypnose (altgriechisch ὕπνος hypnos ‚Schlaf') – medizinische Hypnose: Hypnosedierung (Hypnosedation) – werden bezeichnet:

- das Verfahren zum Erreichen einer hypnotischen Trance (Diese Form der Trance ist gekennzeichnet durch einen tief entspannten Wachzustand, dessen Besonderheit eine extrem eingeschränkte und auf wenige Inhalte ausgerichtete Aufmerksamkeit ist.) Man spricht auch von „hypnotischer Induktion" oder „Hypnose im engeren Sinne".

- der Zustand der hypnotischen Trance.

Bei der Hypnose ging man ursprünglich davon aus, dass es sich um einen schlafähnlichen Zustand handelt. Als Hypnotiseur bezeichnet man dabei die hypnotisierende Person, als Hypnotisand (auch: Proband, in der Hypnotherapie stattdessen Patient oder Klient) die hypnotisierte Person. Dabei kann eine Person auch beide Rollen übernehmen, wobei dies als Auto- oder Selbsthypnose bezeichnet wird; in allen anderen Fällen nennt man es Fremd- oder Heterohypnose.

Eine hypnotische Trance wird mittels Hypnose induziert (Induktion), der Proband befindet sich in Hypnose oder in einer hypnotischen Trance. Zur Beendigung wird die Trance aufgelöst bzw. exduziert (Exduktion), der Hypnotisand wacht auf. Wird der Proband (zum Beispiel zwecks Vertiefung der Trance) aus der Trance geholt und kurz darauf wieder zurück in Trance versetzt, so spricht man von Fraktionierung. Im Rahmen der Hypnose werden dem Probanden ggf. verbale Anweisungen, sog. Suggestionen, gegeben, die direkt auf das Unbewusste wirken sollen.

Suggestionen, die auch nach Auflösung der Hypnose noch wirksam sein sollen, werden als posthypnotische Suggestionen bezeichnet. Unter posthypnotischer Suggestion treten messbare Veränderungen der Informationsverarbeitung im Gehirn auf. In neuropsychologischen Untersuchungen mit bildgebenden Verfahren konnte gezeigt werden, dass dabei die Aktivität bestimmter Gehirnareale selektiv reduziert ist[38].

Wichtig zu wissen ist, dass man auch in einer Hypnose "Herr seiner Sinne" und machtvoll bleibt. Die hypnotisierte Person erlaubt sich selbst, dass die Hürden zur Erreichung des Unterbewusstes abgeschwächt werden, er behält aber immer die Entscheidungsgewalt.

17.2. Ist jeder Mensch hypnotisierbar?

Die Empfänglichkeit für hypnotische Suggestionen ist bei den Menschen sehr unterschiedlich ausgeprägt. Die Hypnotisierbarkeit hängt in hohem Maße von der Situation ab.

Ist sich z.B. jemand gar nicht bewusst, dass er einer hypnotischen Beeinflussung unterworfen ist, dann wird eine Trance fast immer sehr schnell erreicht. Ein Beispiel:

➢ Man sitzt vor dem Fernseher oder im Kino und schaut einen fesselnden Film. Selbstverständlich weiß man,

[38] https://de.wikipedia.org/wiki/Hypnose

> zumindest als reflektierter Erwachsener, dass der Filminhalt (Naturdokumentationen etc. außen vorgelassen) nicht real, sondern eine Fiktion ist, trotzdem wird man wie gebannt der Handlung folgen und ist - hypnotisch - "im Film drin".

Da fast jeder das Gefühl hat, bei einer Hypnose auf einen Teil der eigenen Selbstkontrolle verzichten und sich jemandem anvertrauen oder sich sogar ausliefern zu müssen, ist eine tiefe Hypnose nur bei einem Grundvertrauen möglich. Am besten funktioniert eine Hypnose, wenn der Hypnotisierte gar nicht merkt, dass er hypnotische Suggestionen empfängt. Ich selbst spreche darum z.B. nie von einer Hypnose, sondern immer nur von einer tranceindizierten Tiefenentspannung.

Ich begreife Hypnose als eine Reise mit kompetenter und liebevoller Begleitung in eine Phantasiewelt des Unterbewusstes, um gemeinsam kreative Wege und zielführende Lösungen zu finden und zu erkennen.

17.3. Milton Erickson Hypnosetechnik

Ein Beispiel für eine Hypnosetechnik möchte ich vorstellen.

Milton Hyland Erickson (* 5. Dezember 1901 in Aurum (White Pine County), Nevada; † 25. März 1980 in Phoenix, Arizona) war ein amerikanischer Psychiater, Psychologe und Psychotherapeut, der die moderne Hypnose und Hypnotherapie maßgeblich prägte und ihren Einsatz in der Psychotherapie förderte.

> Erickson ist es zu verdanken, dass Hypnose in der Psychotherapie wieder häufiger eingesetzt wird, nachdem sie durch Sigmund Freuds Ablehnung lange Zeit in den Hintergrund gerückt war. Erickson entwickelte einen neuen Ansatz, der die Individualität betont und es daher notwendig macht, für jeden Klienten/Patienten einen besonderen Ansatz und Zugang zu finden. Damit stand Erickson im Gegensatz zu den bis dahin standardisierten Methoden, die bis in die 50er und 60er Jahre vorherrschten.
>
> Erickson betont ferner die positive Rolle des Unbewussten. Anders als bei Freud ist für Erickson das Unbewusste eine unerschöpfliche Ressource zur kreativen Selbstheilung. Das Unbewusste ist der Hort von kaum genutzten Erfahrungen des Menschen. Ericksons Ansatz erhebt den Anspruch, die durch starre Denkmuster begrenzte Fähigkeit des Bewusstseins zu erweitern, indem der Hypnotiseur durch spezielle verbale und non-verbale Techniken es dem Unbewussten ermöglicht, die führende Rolle einzunehmen. Gleichzeitig soll es dem Bewusstsein ermöglicht werden, unbewusste Selbstheilungskräfte und kreative Ressourcen zu nutzen.

Erickson hatte großen Einfluss auf Therapeuten seiner Zeit und die Nachwelt. Er prägte Jay Haley, Paul Watzlawick, John Weakland und mit ihnen die gesamte Palo-Alto-Gruppe.

Außerdem beeinflusste er die damals aufkommende Familientherapie und viele Schulen der systemischen Therapie, allen voran den lösungsfokussierten Ansatz von Steve de Shazer und Insoo Kim Berg,

die Provokative Therapie von Frank Farrelly und die Systemischen Strukturaufstellungen von Insa Sparrer und Matthias Varga von Kibéd.

Die Gründer des NLP, Richard Bandler und John Grinder, studierten und kopierten seine Technik -

ebenso wie die von Fritz Perls und Virginia Satir, um daraus NLP zu konstruieren. Sie haben die Art und Weise, wie Erickson mit hypnotischer Sprache arbeitete, in einem eigenen Modell, dem Milton-Modell, beschrieben.

Schon zu Lebzeiten hatte sich Erickson den Ruf eines Meisters der Hypnose erworben. Seine zahlreichen wissenschaftlichen Veröffentlichungen haben die Auffassungen über Hypnose revolutioniert.

Jeffrey Zeig und Ernest Rossi waren über viele Jahre Schüler von Erickson und haben Bücher mit ihm zusammen veröffentlicht.

> 1978, zwei Jahre vor seinem Tod, wurde die Milton H. Erickson Gesellschaft zu seinen Ehren gegründet, die bis heute in Phoenix das umfassendste Archiv seiner Arbeit beherbergt] Erickson stand zudem in Kontakt zu Aldous Huxley, mit dem er Grenzbereiche der Psychologie erforschte.[39]

Meine Vorgehensweise in Coachings und bei Therapien orientiert sich sehr stark an der Technik von Milton Erickson. In Fällen von persönlichen Siegersystem-Trainings wende ich diese Methode auch an.

17.4. Was ist eine Hypnotherapie?

Was versteht man unter einer Hypnotherapie?

> Als Hypnotherapie oder Hypnosepsychotherapie werden heute Therapieformen zusammengefasst, die u.a. das vorhandene Wissen über die Wirkung von Trance und Suggestionen therapeutisch nutzen. Um Heilungs-, Such- und Lernprozesse zu fördern, wird entweder Hypnose im mehr formalen Sinn praktiziert oder es werden alltägliche Tranceprozesse für die therapeutische Arbeit genutzt. Daneben kann Hypnotherapie auch als Selbsthypnosetraining bzw. Erlernen von (Tiefen)-Entspannungsübungen gestaltet werden.

[39] https://de.wikipedia.org/wiki/Milton_H._Erickson

Der Umfang der Therapie beschränkt sich oft auf wenige Sitzungen. Die Behandlung geschieht auftragsorientiert: Der Therapeut ermittelt mit den Klienten Ziele, die in der weiteren Beratung verfolgt und deren Erreichen am Ende überprüft werden. Voraussetzung für eine gelingende Therapie ist der Aufbau einer vertrauensvollen Beziehung für das Verfolgen der gemeinsam gesetzten Ziele.

In der Regel wird im therapeutischen Kontext zwischen der Hypnose und der eigentlichen therapeutischen Arbeit unterschieden. So kann die Tiefenentspannung und sogenannte hypnotische Trance durch verschiedene Verfahren induziert werden; im therapeutischen Teil kann rein hypnotherapeutisch gearbeitet werden, es können aber auch Elemente aus anderen psychotherapeutischen Verfahren einfließen.

Charakteristisch aber nicht notwendig ist der Einsatz von Suggestion und die Einleitung und Nutzung eines durch vorherige Tiefenentspannung veränderten, aber jedenfalls wachen Bewusstseinszustandes. Diese Form des Wachbewusstseinszustand wird hypnotische Trance genannt. Andere Meditations-Techniken wie z.B. oder Vocal-Meditation, die auch zu Trance oder trance-ähnlichen Zuständen führen können, werden heute ebenfalls von manchen geschulten Therapeuten hypnotherapeutisch genutzt; man kann dann auch von „therapeutischer Meditation" sprechen.[40]

[40] https://de.wikipedia.org/wiki/Hypnotherapie

17.5. Kann Hypnose helfen, erfolgreich zu werden?

Nach meiner Erfahrung kann man dies in aller Deutlichkeit bejahen. Wenn man es schafft, über einen hypnotischen Zustand das Unterbewusste zu erreichen, ist es möglich, ggfs. negativ wirkende Glaubenssätze positiv zu substituieren und den Glauben und das Vertrauen in den eigenen Erfolg zu verstärken.

Ziel einer Tiefenentspannung ist es, die vom Bewusstsein ausgeübte Kontrolle über das "Hier und Jetzt" abzuschwächen und unterbewusste "Schichten" zu erreichen. Eingesetzt werden z.B. Metaphern, Sprachbilder, Vergleiche, Wortspiele und Analogien, wobei immer darauf geachtet wird, "offene Vorschläge" zu machen, damit das Unterbewusste des Hypnotisierten selbst neue Ideen kreiert und Lösungsmöglichkeiten "anbietet".

Für mich ist eine liebevolle Hypnose deshalb ein gutes und zielführendes Hilfsmittel, um innere Ressourcen, frühere Lernerfahrungen, die eigene Problemlösungsfähigkeit und die zweifelsfrei in uns vorhandene Erfolgschance zu aktivieren.

17.6. Was ist Trance?

Was versteht man unter einer Trance? Eine allgemein gültige Begriffsdefinition gibt es nicht, jedoch verschiedene Vorstellungen und Ansätze.

Trance [trãs] (lat. transire hinübergehen, überschreiten) ist ein Sammelbegriff für veränderte Bewusstseinszustände mit einem intensiven mentalen Erleben, die sich, in Abgrenzung zum gewöhnlichen Wachbewusstsein, durch eine hochfokussierte Konzentration auf einen Vorgang bei gleichzeitig sehr tiefer Entspannung und unter Ausschaltung des logisch-reflektierenden Verstandes auszeichnen.

Trancezustände können entweder willentlich (z. B. visuelle Imagination im Tagtraum, Selbsthypnose, schamanische Techniken, durch (zugelassene) Fremd-Suggestion (Hypnose), andauernde Aufmerksamkeit auf eintönige Reize (z. B. Vigilanz, mentale Vertiefung, Orgasmus) oder durch Krankheit (pathologische Trance und Besessenheitszustände) und Drogen ausgelöst werden.

Von den beiden letztgenannten Trancen abgesehen sind der Wille und ein spezieller Auslöser notwendige Bedingungen zum Entstehen von Trancen. Darüber hinaus hat der kulturelle bzw. religiöse Hintergrund der Person einen entscheidenden Einfluss auf die Art und Tiefe des Zustandes.

Jede Trance ist in unterschiedlich starker Intensität mit einer Einengung des Bewusstseins verbunden: Die Sinneswahrnehmungen und das Gefühl der persönlichen Identität – das Ich-Bewusstsein – werden vorübergehend stark eingeschränkt oder ganz ausgeblendet.

Trancen führen zu verschiedenen vorübergehenden geistigen:

- Einengung von Wahrnehmung und Aufmerksamkeit
- entweder negative (Ausblenden realer Dinge) oder positive Halluzinationen (Einbilden irrealer Dinge)
- deutlich verringertes oder aber gesteigertes Erinnerungsvermögen
- verändertes Zeitempfinden (Dehnung oder Stillstand)
- spezielles Gefühl der Kontrolle
- besondere Emotionalität

und körperlichen Veränderungen:

- veränderter Muskeltonus (entweder Starre oder Hyperaktivität)
- unwillkürliche Bewegungen (z.B. Carpenter-Effekt)
- Schmerz- und Empfindungslosigkeit[41]

[41] https://de.wikipedia.org/wiki/Trance

Eine Trance könnte man als einen Zustand eines veränderten Wachbewusstseins beschreiben. Ein Beispiel für eine Trance:

- Man hat viele Jahre Erfahrung mit dem Auto fahren und ist z.B. schön längere Zeit auf der Autobahn unterwegs. Man denkt über wichtige Dinge nach, da das Autofahren unterbewusst automatisch funktioniert, die Gedanken kreisen. Dieser Zustand ist nichts anderes als eine Trance. Wird man aus diesem Zustand z.B. durch eine unerwartete Situation (Hupen o.ä.) herausgerissen, wird man sich bewusst, dass man "nicht ganz da war".

Solche Situationen hat ganz sicher jeder schon mal erlebt und womöglich dabei feststellen dürfen, dass die Ideen nur so sprudelten und man "ganz bei sich" war. Beispiele hierfür sind z.B. tranceartige Zustände unter der Dusche oder das Tagträumen z.B. in der Schule.

Eine Trance ist auf keinen Fall eine Wahrheitsdroge, geschweige denn vergleichbar mit der Wirkung von KO-Tropfen. Man kann einen solchen Zustand eher als eine Art Selbsthypnose inkl. einer "Nachinnenwendung" verstehen.

17.7. Visualisierung und Imagination

Mit Visualisierung oder Veranschaulichung (Sichtbarmachen) ist gemeint, abstrakte Daten (z.B. Texte) und Situationen in eine visuell sichtbare oder zumindest vorstellbare Form zu bringen. Ein Beispiel:

Charly Steeb hat mal erklärt, wie er im Daviscup-Finale 1988 gegen die damalige Nr. 1 der Weltrangliste Mats Wilander gewinnen konnte:

> „Ich war die Nr. 78, und die Chancen gegen die Nr. 1 stehen da normalerweise 1 zu 99. Doch ich legte mir im Geiste eine entsprechende Strategie zurecht. Immer und immer wieder – vor allem wenn ich abends im Bett lag – spielte ich im Geiste durch, wie ich gegen Mats auf dem Platz stehen und einen Punkt nach dem anderen gewinnen würde. Dann stellte ich mir vor, wie ich schließlich den Platz als Sieger verlassen würde. Dieses Kopfkino war so real, dass ich dabei regelrecht Glücksgefühle produzierte. Mit jedem Tag kam ich mehr zu der Überzeugung, dass ich auch in der Realität gewinnen kann. Ich bin sicher: Wenn ich nicht regelmäßig visualisiert hätte, ich hätte keine Chance gehabt!"

Was hat Charly Steeb gemacht? Er hat die Sprache des Bewusstseins in die Sprache des Unterbewusstes übersetzt, nämlich die Sprache der Bilder, indem er geistige Bilder entstehen ließ und diese immer wieder aufs Neue visualisierte. Durch diese „bewusste Bildwiederholung" hat er in seinem

Unterbewusste so genannte Anker gesetzt, die man als Navigationsgerät für die Ausrichtung des Unterbewusstes bezeichnen kann. Die daraus folgende Motivation und das Vertrauen von Charly Steeb wurden umso stärker, je mehr er sich das gewünschte Ergebnis lebendig und in bereits erlebbarer Form vorstellte.

Diese Möglichkeit, sich das Gewünschte zu visualisieren, hat natürlich nicht nur ein Tennisspieler, sondern diese Chance hat absolut jeder Mensch. Je besser es jemandem gelingt, sich selbst als erfolgreichen Protagonisten auf einer visualisierten Zukunftsbühne zu sehen, desto erfolgreicher wird diese bewusst konzipierte Phantasie in der Realität wahr werden. Ein Beispiel:

- Sie möchten ein Haus kaufen. Wenn Sie ohne konkrete Vorstellung "irgendeine Immobilie" suchen, werden Sie wahrscheinlich nicht das finden, was Sie eigentlich möchten. Wenn Sie sich jedoch genaue Vorstellungen davon machen, wo Ihr Haus liegen soll, z.B. auf einem Berg oder mit Blick auf einen Fluss oder See, wie das Haus aussehen soll, z.B. zweistöckig mit Garten und Doppelgarage, welche Zimmeraufteilung gewünscht ist, z.B. die Anzahl und Größe der Zimmer, sowie alles unternehmen, um sich Ihr gewünschtes Haus immer wieder vorzustellen und diese Visualisierung mit Leben und Kraft wiederholen, dann ist die Wahrscheinlichkeit, dass Sie genau dieses Haus finden, deutlich größer.

17.8. Katathym Imaginative Psychotherapie

Ein Beispiel für eine Visualisierungstechnik ist z.B. die katathym imaginative Psychotherapie:

> Die Katathym Imaginative Psychotherapie (KIP) ist ein von Hanscarl Leuner 1954 eingeführtes tiefenpsychologisch fundiertes Verfahren, das anfänglich unter den synonymen Begriffen Katathymes Bilderleben (KB) und Symboldrama bekannt wurde.
>
> Zwar werden Imaginationen in etlichen Psychotherapiemethoden verwendet, die KIP jedoch systematisiert ihre Anwendung am stärksten. Sie bietet außer dem verbalen Verfahren auch eine Förderung und Anregung der Symbolisierungsprozesse an, was als eine Voraussetzung für Änderungen der Persönlichkeitsstruktur angesehen wird.
>
> Mit der KIP ist sowohl jene spezielle, emotionsnah gestaltete Imagination angesprochen, auf der das Verfahren basiert, als auch deren Einbindung in einen psychotherapeutischen Prozess. In diesem Sinne ist die KIP als ein ausdifferenziertes methodisches Vorgehen zur Handhabung der Tagtraumtechnik zu definieren, das auf dem theoretischen Fundament der Psychoanalyse aufgebaut ist und deren wesentliche Parameter wie Übertragung und Gegenübertragung, dynamisches Unbewusstes und Widerstand berücksichtigt, symbolischen Prozessen besondere Aufmerksamkeit widmet und dabei der Arbeit mit Imaginationen in

Form von Tagträumen einen essentiellen Stellenwert einräumt. Die dafür maßgeblichen Auffassungen von Wahrnehmung, Gestaltbildung und Symbolisierung entwickelte Hanscarl Leuner auf der Grundlage der Gestaltpsychologie, die sein Werk auch in anderen Arbeitsfeldern (insbesondere seiner Psychopathologie) maßgeblich prägte.

Im Unterschied zu Visualisierungstechniken anderer Methoden zeichnen sich die katathymen Imaginationen dadurch aus, dass sie nicht nur optische Eindrücke plastisch vor Augen führen, sondern grundsätzlich alle Sinnesmodalitäten umfassen und sich in Handlungsvollzügen von Tagtraumcharakter entfalten. Das Beiwort „katathym" soll deutlich machen, dass diese Vorstellungen „aus dem Gefühl heraus", also nicht willentlich gesteuert werden. Für den Umgang mit diesen hält die KIP eine Vielzahl lehr- und lernbarer therapeutischer Interventionen bereit.

Die Methode wird in eine Grund-, Mittel und Oberstufe eingeteilt. Zu jeder Stufe werden eine Reihe von Standardmotiven und spezifischen Vorgehensweisen angegeben, die in mittlerweile fünf Jahrzehnten beständig ausdifferenziert und weiterentwickelt wurden. Zur Grundstufe gehören Motive wie zum Beispiel Wiese, Bach, und Berg. Bei der Mittelstufe werden Motive wie zum Beispiel Löwe und Auto angewendet und bei der Oberstufe Motive wie zum Beispiel Höhle und Vulkan. Durch vorherige Entspannung des Körpers, welche durch den Therapeuten angeleitet wird, kommt es zu einer kontrollierten Regression und Lockerung der Abwehr.

Auf der Bildebene des Tagtraums kommen neben der aktuellen Befindlichkeit des Patienten u. a. seine Wesenszüge, Verhaltenseigentümlichkeiten, Ressourcen, Motivationsstrukturen und zentralen unbewussten Beziehungskonflikte symbolisch zur Darstellung. Darüber hinaus verbildlichen sich immer wieder auch die als „Übertragung" bezeichneten unbewussten Vorstellungen über die therapeutische Beziehung und jene Erfahrungen mit anderen Menschen, die als so genannte „Repräsentanzen" ihren innerseelischen Niederschlag gefunden haben. Die kognitiven und affektiven Inhalte des Tagtraumgeschehens können dann unter diagnostischen Gesichtspunkten verstanden und therapeutisch aufgegriffen werden, um sie von bewusstseinsnahen Oberflächenschichten her langsam und vorsichtig in die Tiefe unbewussten seelischen Geschehens zu verfolgen.[42]

17.9. Future Pace

Ein weiteres Beispiel für eine Visualisierungstechnik ist das aus dem NLP bekannte "Future Pace".

Future Pace ist das mentale Erleben zukünftiger Situationen mit den gewünschten Ressourcen. Ziel des

[42] https://de.wikipedia.org/wiki/Katathym_Imaginative_Psychotherapie

Future Pacing ist es, sicherzustellen, dass die angestrebten Verhaltensweisen und Reaktionen in den entsprechenden Umgebungen ganz natürlich und automatisch eintreten werden.

Ein Future Pace hat 4 Aspekte:

1. Ressourcenaufbau: Durch geistiges Erleben der erstrebten Veränderung werden Ressourcen (hin-zu Motivation) aufgebaut.

2. Anker setzen: Es wird aus der Gegenwart (geistig) ein Anker in die Zukunft gesetzt, dieser Anker (Erinnerungssignal) ist an einen Kontext geknüpft und sobald dieser auftritt, wird das neue Verhalten aktiviert.

3. Training: In der vorgestellten Situation wird das neue Verhalten/Denken/... eingeübt.

4. Test: Durch Beobachtung des Coachees während des Future Pace kann der Coach überprüfen (Kongruenz?, Ressource-Physiologie?, ...), wie erfolgreich die Veränderung vermutlich umgesetzt werden wird und ggf. nacharbeiten.

Beachte: Nach dem Future Pace muss der Coachee in der Gegenwart sein!

Ohne Future Pacing läuft man Gefahr, die in der Sitzung erarbeiteten Verhaltensweisen wieder zu verlieren. Future Pacing ankert und festigt sie, sodass das neue Verhalten natürlich und automatisch eintreten kann.

Ein weiterer Aspekt des Future Pacings sind konkrete Verabredungen bestimmter Schritte, die für das Erreichen des Ziels notwendig sind. Dies könnte z.B. der nächste Coachingtermin oder das Üben des Verhaltens in einer bestimmten Situation sein.[43]

17.10. Visualisierung als sofortiges Hilfsmittel

Die zuvor aufgeführten Methoden zur Visualisierung können Sie jederzeit an sich ausprobieren, und zwar für alle Bereiche, die Ihnen wichtig sind, z.B. Familie, Beruf, Geld, Sport, Gesundheit usw. Probieren Sie es aus. Hier ein paar Hilfsfragen zum leichteren Einstieg:

- Familie

  Ihre Wünsche dürfen die Entscheidungsfreiheit der übrigen Familienmitglieder nicht beschneiden bzw. einschränken. Der freie Wille eines jeden muss respektiert werden. Aber Sie dürfen sich Harmonie und Frieden wünschen. Was ist Ihre liebevolle Wunschvorstellung für Ihre Familie? Wem wünschen Sie Gutes? Wie

[43] http://nlpportal.org/nlpedia/wiki/Future_Pace

könnte eine perfekte, liebevolle Konstellation aussehen? Was können Sie positiv dazu beitragen?

- Beruf

Welchen Berufswunsch haben Sie genau? Welche Ziele oder Teilziele möchten Sie erreichen? Was genau möchten Sie tun? In welcher Position sehen Sie sich? Möchten Sie Vorträge halten? Dann visualisieren Sie sich, wie so etwas im Detail aussehen könnte. Möchten Sie als Handwerker arbeiten? Dann malen Sie sich aus, wie Ihr Tagesablauf Stück für Stück aussehen soll. Und so weiter.

- Geld

Was ist Ihr Ziel? Wollen Sie ein normales Auskommen haben? Wollen Sie wohlhabend werden? Oder sogar reich? Das, was Sie glauben, wert zu sein bzw. erreichen zu können, wird sich manifestieren. Wenn Sie nun Ihre Wunschvorstellung "korrigieren" möchten, dann stellen Sie sich so detailliert wie nur möglich vor, wie Sie sich mit dem entsprechenden Kontostand fühlen, was Sie mit dem Geld machen, z.B. welches Auto Sie fahren oder welche Länder Sie bereisen.

- Sport

Sie möchten etwas im Sport erreichen? Vielleicht einen Rekord aufstellen? Oder eine Meisterschaft erringen? Neben einem entsprechend fundierten Training der physischen Leistungsfähigkeit ist das Programmieren Ihres Unterbewusstes eine unbedingte Voraussetzung für wirklichen und nachhaltigen Erfolg. Visualisieren Sie, was Sie genau machen und wie Sie Ihre Erfolge feiern. Halten Sie eine Meisterschale hoch? Oder werden Sie in den Medien gefeiert?

- Gesundheit

  Stellen Sie sich vor, was Sie tun würden, wenn Sie gesund wären. Was macht Ihnen Freude? Was wollen Sie unbedingt? Wollen Sie laufen, joggen, wandern, Rad fahren? Vielleicht schwimmen, Triathlon machen? Malen Sie sich in Gedanken möglichst genau aus, was Sie machen möchten, sobald Sie gesund sind.

Und dann: Beauftragen Sie Ihr Unterbewusste, alles dafür zu tun, damit Ihre Visualisierungen Realität werden und bedanken Sie sich schon jetzt für das positive Ergebnis, als wäre es bereits eingetreten. Dies und noch viel mehr ist Teil meines Siegersystem-Trainings, das im späteren Teil dieses Buches konkreter beschrieben wird.

17.11. Meditation als Motor der Visualisierung

Was versteht man unter Meditation?

> Meditation (von lateinisch meditatio, zu meditari „nachdenken, nachsinnen, überlegen", von griechisch

μέδομαι medomai „denken, sinnen"; entgegen landläufiger Meinung liegt kein etymologischer Bezug zum Stamm des lateinischen Adjektivs medius, -a, -um „mittlere[r, -s]" vor) ist eine in vielen Religionen und Kulturen ausgeübte spirituelle Praxis. Durch Achtsamkeits- oder Konzentrationsübungen soll sich der Geist beruhigen und sammeln. In östlichen Kulturen gilt sie als eine grundlegende und zentrale bewusstseinserweiternde Übung.

Die angestrebten Bewusstseinszustände werden, je nach Tradition, unterschiedlich und oft mit Begriffen wie Stille, Leere, Panorama-Bewusstheit, Einssein, im Hier und Jetzt sein oder frei von Gedanken sein beschrieben. Dadurch werde die Subjekt-Objekt-Spaltung (Begriff von Karl Jaspers) überwunden.

Der Begriff ist aber auch für Texte verwendet worden, die Ergebnisse konzentrierten, in die Tiefe gehenden Nachdenkens darstellen, so etwa für Mark Aurels Selbstbetrachtungen oder Descartes' „Meditationen über die Grundlagen der Philosophie".

Die vielfältigen Meditationstechniken unterscheiden sich nach ihrer traditionellen religiösen Herkunft, nach unterschiedlichen Richtungen oder Schulen innerhalb der Religionen und oft auch noch nach einzelnen Lehrern innerhalb solcher Schulen. In vielen Schulen werden abhängig vom Fortschritt der Meditierenden unterschiedliche Techniken gelehrt. Neben den traditionellen Meditationstechniken werden vor allem seit den

1970er Jahren im Westen viele von fernöstlichen Lehren inspirierte und an westliche Bedürfnisse angepasste Meditationsformen angeboten.

Meditationstechniken werden als Hilfsmittel verstanden, einen vom Alltagsbewusstsein unterschiedenen Bewusstseinszustand zu üben, in dem das gegenwärtige Erleben im Vordergrund steht, frei von gewohntem Denken, vor allem von Bewertungen und von der subjektiven Bedeutung der Vergangenheit (Erinnerungen) und der Zukunft (Pläne, Ängste usw.). Viele Meditationstechniken sollen helfen, einen Bewusstseinszustand zu erreichen, in dem äußerst klares hellwaches Gewahrsein und tiefste Entspannung gleichzeitig möglich sind.

Man kann die Meditationstechniken grob in zwei Gruppen einteilen:

- in die körperlich passive (kontemplative) Meditation, die im stillen Sitzen praktiziert wird, und

- die körperlich aktive Meditation, bei der körperliche Bewegung, achtsames Handeln oder lautes Rezitieren zur Meditationspraxis gehören.

Die Einteilung bezieht sich nur auf die äußere Form. Beide Meditationsformen können geistig sowohl aktive Aufmerksamkeitslenkung als auch passives Loslassen und Geschehenlassen beinhalten.

> Im allgemeinen Sprachgebrauch wird unter Meditation oft nur die passive Form verstanden, so wie sie in Abbildungen des meditierenden Buddha symbolisiert wird.[44]

Ich empfehle Ihnen, sich mit dem Thema Meditation zu beschäftigen und diese Möglichkeit eines "Insichkehrens" als Motor Ihrer gewünschten Visualisierungen zu nutzen.

17.12. Ein Schritt weiter: Selbsthypnose

Etwas mehr Übung als eine "normale" Meditation erfordert eine Selbsthypnose, auch Autohypnose genannt, bei der ein Trancezustand ohne einen Hypnotiseur erreicht wird. Dabei ist das Erreichen eines Trancezustandes grundsätzlich bei einer Selbsthypnose nicht schwieriger, als bei einer Hypnose durch einen Dritten. Allerdings ist bei einer heterogenen Hypnose, also eine Hypnose durch einen Hypnotiseur, keine eigene Erfahrung notwendig, bei einer Selbsthypnose allerdings sehr wohl.

Die wahrscheinlich bekannteste Selbsthypnosetechnik ist das Autogene Training. Einige andere Hypnosetechniken sind vergleichbar mit Meditationstechniken.

Letztendlich sind geführte Hypnosen, also Hypnosen durch einen Hypnotiseur, nichts Anderes als "geführte" Selbsthypnosen, also Autohypnosen unter Anleitung. Je mehr man

[44] https://de.wikipedia.org/wiki/Meditation

sich mit dem Thema Hypnose auseinander setzt und Selbsthypnosetechniken übt, desto schneller und leichter wird man transähnliche Zustände, vielleicht sogar tiefe und stabile Hypnosezustände erreichen.

Meine Empfehlung ist, die Möglichkeiten von Meditation und Selbsthypnose als Chance zu sehen und sich mit den Techniken vertraut zu machen. In Coachings und Therapiesitzungen, als auch bei Ausbildungen empfehle ich immer, die Zeiten morgens beim Aufwachen und abends kurz vor dem Einschlafen für Mediationen, Selbsthypnosen und Visualisierungen zu nutzen.

17.13. Anker setzen

Wir sind an dieser Stelle nicht in der Schifffahrt, aber das Konzept bzw. der Sinn des "Ankersetzens" ist ähnlich.

Ein Anker in der Schifffahrt ist ein Hilfsmittel, mit der ein Wasserfahrzeug am Grund eines Flusses, Sees oder Meeres oder auf Eis befestigt wird, um nicht durch Wind, Strömung oder andere Einflüsse den gewählten Platz zu verlieren. Ein Anker soll Halt verleihen, um "das" (also den Ort) beizubehalten, was gewünscht ist.

Beim NLP erfüllt ein Anker eine ähnliche Funktion:

Ankern ist der Vorgang des bewusst herbeigeführten Verbindens bestimmter Reize mit bestimmten Reaktionen. Im NLP ist es eine Grundtechnik, die in fast allen Formaten enthalten ist.

Im NLP ist ein Anker im Wesentlichen eine beliebige Repräsentation (intern oder extern erzeugt), die eine andere Repräsentation oder eine Serie von Repräsentationen oder eine Strategie auslöst. Grundlage beim Ankern ist die Annahme, dass alle Erfahrungen als "Gestalten" sinnlicher Information repräsentiert werden. Immer, wenn ein Teil einer gewissen Erfahrung wieder eingeführt wird, werden auch andere Teile dieser Erfahrung in einem gewissen Maß reproduziert. Jeder beliebige Teil einer Erfahrung kann also als Anker benutzt werden, um einen anderen Teil dieser Erfahrung auszulösen.

Anker werden eingesetzt, um:

- ressourcenvolle Zustände gezielt herbeiführen zu können
- Namen, Begriffe oder Situationen abrufbar zu machen
- leichter in der Phantasie an bestimmte Zeiten zu gehen
- zurück aus einer Trance in die Gegenwart zu kommen (Gegenwartsanker)

- komplette (NLP)-Formate via Anker auszulösen

Ich nutze diese Technik bei jedem Coaching und in jeder Therapiesitzung, um "Gelerntes" und Erkenntnis im Unterbewusste zu festigen. Auch in einer Selbsthypnose ist das "Setzen von Ankern" möglich und nach meiner Einschätzung sinnvoll. Für das Konzept des Siegersystems ist dieses "Anker setzen" sogar unerlässlich.

18. Epilog

Das Buch "Siegersystem: Gewinnen ist Bauchsache" zu schreiben, war mir eine Herzensangelegenheit. Nun gut, auch die Bücher "Reframingcoaching: Unterbewusstes bewusst auflösen" und die Trilogie "Omniatherapie: Gesundheit & Glück durch Verstehen & Versöhnung" habe ich geschrieben, weil ich etwas verdeutlichen und zum Ausdruck bringen wollte, um dem einen oder anderen auf einen guten Weg zu helfen.

Band I zum Siegersystem-Konzept ist dabei eventuell an einigen Stellen etwas zu wissenschaftlich und theoretisch, also nicht jedermanns Sache. Ich verspreche Ihnen aber, dass Band II wesentlich "greifbarer" und somit nach leichter nachvollziehbar ist. Insbesondere beinhaltet Band II konkrete Anleitungsempfehlungen zur Umsetzung.

Ich wünsche Ihnen aufrichtig von Herzen, dass Sie Ihren Weg finden und gehen, Ihre Möglichkeiten erkennen und alle Ihre guten Ziele erreichen.

Herzlichst Ihr
Thomas A. M. Windelschmidt

19. Zum Autor

Thomas A. M. Windelschmidt, geboren in Berlin, aufgewachsen in Dortmund, studierte Physik und Wirtschaftswissenschaften. Bereits während seines Studiums gründete er seine ersten Unternehmen und agierte international als Unternehmer und Unternehmensberater.

Nach seinen ersten Studienzeiten wurde er u.a. zum Präsidenten des Bundesverbandes der Mehrwertdienste-, Post und Telekommunikationsnutzer e.V. (BMPT), zum Vorstand des Netzwerks Deutscher Mittelstand e.V. (DeuMit.net), sowie später zum Präsidenten des Bundesverbandes für Bildung, Wissenschaft und Forschung e.V. (BBWF) berufen.

Neben seinen unternehmerischen Tätigkeiten nutzte er Möglichkeiten für private Studien der Psychologie (inkl. positiver Psychologie), der Psychotherapie, der systemischen Familientherapie (inkl. Familienaufstellung), des NLP und der GNM, dazu absolvierte er eine Fortbildung zum Hypnosetherapeuten.

Ein Augenmerk legte er auf sein Wirken als Reframingcoach (reframingcoaching.de), Omniatherapeut (omniatherapie.de) und Siegersystem-Trainer (siegersystem.de) und konzentriert sich heute auf seine Unterstützung als Submediator (submediation.de) und als "Der Counselor" (der-counselor.de), sowie die Weiterentwicklung der holistischen Omniavision (omniavision.de).

Thomas A. M. Windelschmidt erstellte zwei Dissertationen und schrieb bisher 15 Bücher, die z.T. auch auf Englisch publiziert wurden.

Der Autor ist mit seiner Frau Claudia seit 1993 glücklich liiert und seit 1997 in erster Ehe verheiratet. Sie sind Eltern eines Sohnes (* 1998) und einer Tochter (* 2000).

20. Bilderverzeichnis

21. Index

Empfehlungen des Verlags

Thomas A. M. Windelschmidt

Das wichtigste Wort zum gesund & glücklich sein: Danke!

Mit Vorworten von Claudia Appel und Richard Neubersch

Das "Danke" ist nach Einschätzung des Autors das wichtigste Wort zum gesund und glücklich sein. Diese Aussage begründet der Autor nachvollziehbar im vorliegenden Buch.

Das Unterbewusste (Unterbewusstsein) steuert nicht nur das vegetative Nervensystem und fast alle Körperfunktionen, sondern es greift massiv in das Denken, Fühlen und Erleben des Menschen ein. Das Bewusstsein ist mit der Spitze eines Eisbergs vergleichbar, auch wenn man als Mensch „glaubt“, alles mit dem Ego „im Griff zu haben“. Wenn man weiß, wie man das Unterbewusste zielorientiert positiv beeinflussen kann, ist es möglich, das eigene Erleben, also sein Schicksal, unter einem neuen Blickwinkel zu sehen und das Leben als Geschenk anzunehmen. Warum hierfür das Wort „Danke“ ein zentraler Baustein ist und wie man seinen eigenen Weg in eine positive Lebenseinstellung finden kann, erläutert der Autor in diesem MUTMACHBUCH.

Weitere Infos: seelencoaching.de und omniavision.de

ISBN Hardcover	978-3-96565-000-8	€ 24,99
ISBN Paperback	978-3-96565-001-5	€ 17,99
ISBN Epub	978-3-96565-002-2	€ 14,99
ISBN Mobi	978-3-96565-003-9	€ 14,99

Thomas A. M. Windelschmidt

Die Wahrheit über Ihre innere Macht: SUM ERGO CREO

Halten Sie es für möglich, dass man als Mensch schöpferisch tätig ist, egal ob man es weiß oder nicht? Oder ist für Sie der "Stand der Wissenschaft" in Stein gemeißelt und das heutige Wissen "unantastbar"? Man sollte sich in jedem Fall klarmachen, dass das, was die "offizielle" Wissenschaft sagt, bereits seit der Antike einem stetigen Wandel unterzogen war. Das, was zu Zeiten von Sokrates und Plato Stand der Wissenschaft war, galt nur eine bestimmte Zeit, genauso wie das "Wissen" der Physiker und Mediziner z.B. zu Beginn des 20. Jahrhunderts. Auch das, was heute zu Beginn des 21. Jahrhunderts als "Wissen" proklamiert wird, wird in weniger als 100 Jahren "neuem Wissen" gewichen sein. Und genau darum hält es der Autor mit Sokrates, der sagte: "Ich weiß, dass ich nicht weiß!"

Eventuell wird die Vorstellung des Autors "SUM ERGO CREO = Ich bin, also erschaffe ich" irgendwann überholt sein, aber Stand heute ist der Autor davon überzeugt, dass es sich für Sie lohnen kann, diese Idee auf den Prüfstand zu stellen.

Weitere Infos: sum-ergo-creo.de und omniavision.de

ISBN Hardcover	978-3-96565-004-6	€ 24,99
ISBN Paperback	978-3-96565-005-3	€ 17,99
ISBN Epub	978-3-96565-006-0	€ 14,99
ISBN Mobi	978-3-96565-007-7	€ 14,99

Thomas A. M. Windelschmidt
Claudia Appel

Reframingcoaching
Unterbewusstes bewusst auflösen

Mit einem Vorwort von
Andreas Winter

Leiden Sie unter Krankheiten, Erfolgsblockaden oder "falschen" Glaubenssätzen? Sind Sie auf der Suche nach sich selbst, Ihrer Persönlichkeit, Ihrer Berufung, Ihrem Lebenssinn? Erleben Sie immer die gleichen (meist als unangenehm empfundenen) Situationen? Machen Sie fortwährend ähnliche negative Erfahrungen in Ihrer Partnerschaft, im Beruf, im Freundeskreis, ohne zu wissen, warum Sie evtl. immer die gleichen Fehler machen und sich ungewollte Erfahrungen (z.B. Geldverlust, Geldmangel, falsche Freunde) wiederholen? Mit dem Reframingcoaching können Sie eine Herangehensweise kennenlernen, mit der es möglich ist, im Unterbewusstsein verankerte Strukturen, die zu Symptomen, Krankheiten und immer gleichen Erfahrungen führen können, zu erkennen und aufzulösen. Es darf Sie nicht überraschen, wenn sich Ihr Leben sehr stark ändert und Ihnen neue Türen offenstehen.

Weitere Infos: reframingcoaching.de und omniavision.de

ISBN Hardcover	978-3-96565-008-4	€ 29,99
ISBN Paperback	978-3-96565-009-1	€ 21,99
ISBN Epub	978-3-96565-010-7	€ 17,99
ISBN Mobi	978-3-96565-011-4	€ 17,99

Thomas A. M. Windelschmidt

Omniatherapie
Gesundheit & Glück durch
Verstehen & Versöhnung Bd. I

Mit einem Vorwort von
Vera Brandes und Dieter Broers

Das Reframingcoaching konnte vielen Menschen helfen, Dinge aufzulösen, die im Hier und Jetzt belastend waren und zu Konsequenzen (Symptomen) geführt haben. Im Laufe der Zeit haben komplexere „Herausforderungen" dazu geführt, dass eine Ergänzung des Konzepts zielführend war. Wenn z.B. eine Frau nicht schwanger wird, kann man überlegen, dass psychische Blockaden eine Rolle spielen. Und wenn z.B. ein Missbrauch in der Familie vorliegt, dann verlangt dies nach Erfahrung des Autors zu einer Analyse der Familienkonstellation und einer liebevollen Auflösung der belastenden Energien.

Band I: Medizinische Historie, physische und psychische Heilansätze, physikalische und biologische Hintergründe, Betrachtung von Gesundheit, Krankheit und Symptomen, die Trinität von Körper, Geist und Seele, die Psyche, Bewusstsein und Unterbewusstes, sowie Traumata.

Weitere Infos: omniatherapie.de und omniavision.de

ISBN Hardcover	978-3-96565-012-1	€ 24,99
ISBN Paperback	978-3-96565-013-8	€ 17,99
ISBN Epub	978-3-96565-014-5	€ 14,99
ISBN Mobi	978-3-96565-015-2	€ 14,99

Thomas A. M. Windelschmidt

Omniatherapie
Gesundheit & Glück durch
Verstehen & Versöhnung Bd. II

In drei Bänden finden Sie eine Herleitung des Konzepts der Omniatherapie. Dem Autor ist es wichtig, dass er die Herangehensweise und die Entwicklung seiner Vorgehensweise dezidiert herleitet und erläutert, damit die Omniatherapie für Sie „greifbar" wird.

Band II: Was sind Denken, Fühlen, Glauben und Vertrauen, Angst und das Gegenteil von Angst, Schuld und Verantwortung, Trauer und die große Traurigkeit, Glaubenssätze und das Gesetz der Resonanz, Wünsche, Zufriedenheit und Glück, Liebe, Vertrauen und Vergebung, sowie Schlaf und Träume.

Weitere Infos: www.omniatherapie.de und omniavision.de

ISBN Hardcover	978-3-96565-016-9	€ 24,99
ISBN Paperback	978-3-96565-017-6	€ 17,99
ISBN Epub	978-3-96565-018-3	€ 14,99
ISBN Mobi	978-3-96565-019-0	€ 14,99

Thomas A. M. Windelschmidt

Omniatherapie
Gesundheit & Glück durch
Verstehen & Versöhnung Bd. III

In drei Bänden finden Sie eine Herleitung des Konzepts der Omniatherapie. Dem Autor ist es wichtig, dass er die Herangehensweise und die Entwicklung seiner Vorgehensweise dezidiert herleitet und erläutert, damit die Omniatherapie für Sie „greifbar" wird.

Band III: Religion, Glaube und Vertrauen, Leben und Tod, Karma, Beten, systemische Hintergründe, Affirmationen und Suggestionen, Hypnose und Trance, Reframing in der Omniatherapie, Voraussetzungen, die 30 Stufen der Omniatherapie, technische Hilfsmittel und Anwendungsgebiete

Weitere Infos: omniatherapie.de und omniavision.de

ISBN Hardcover	978-3-99072-020-2	€ 24,99
ISBN Paperback	978 3-96565-021-3	€ 17,99
ISBN Epub	978-3-99072-022-6	€ 14,99
ISBN Mobi	978-3-99072-023-3	€ 14,99

Thomas A. M. Windelschmidt

Siegersystem
Gewinnen ist Bauchsache
Bd I: Theoretische Hintergründe

Mit Vorworten von Andreas Lorenz und Thorsten Schulte

Können Sie sich vorstellen, dass Sie – wie man es so oft hört – Ihres Glückes Schmied sind und zu 100% verantwortlich für alles, was in Ihrem Leben passiert?

Der Nachteil dieser „Erkenntnis" ist, dass Sie sich nie wieder als Opfer darstellen „dürfen/können", z.B. um Mitgefühl oder sogar Mitleid zu „erhaschen". Der große Vorteil dieses „Wissens" ist allerdings, dass Sie sich der „Herrschaft über Ihr Leben" bewusst sind, alles zielgerichtet beeinflussen können und die Freiheit haben, Ihre Vorstellungen zu manifestieren. Das Siegersystem-Konzept ist eine Lebenseinstellung. Im Fokus steht, sich selbst als Gewinner zu sehen und zu fühlen, das eigene Leben als Gewinn anzusehen und als Geschenk anzunehmen, indem man die positiven und schönen Aspekte in den Mittelpunkt des eigenen Denkens und Fühlens rückt. Und zwar immer, ganz unabhängig von bisher als negativ angesehenen Begleiterscheinungen.

Weitere Infos: siegersystem.de und omniavision.de

ISBN Hardcover	978-3-96565-024-4	€ 24,99
ISBN Paperback	978-3-96565-025-1	€ 17,99
ISBN Epub	978-3-96565-026-8	€ 14,99
ISBN Mobi	978-3-96565-027-5	€ 14,99

Thomas A. M. Windelschmidt

Siegersystem
Gewinnen ist Bauchsache
Bd II: Anwendung & Umsetzung

Während in Band I zum Siegersystem einige theoretische Hintergründe erläutert wurden, erfährt der Leser in Band II, wie die 66 Schritte des Siegersystems aussehen und welche technischen Hilfsmittel eingesetzt werden können, um den "eigenen" Weg zu finden und zu gehen. Konkrete Tipps und Empfehlungen helfen dem Leser, nicht nur den ersten Schritt zu unternehmen, sondern sich sukzessive seiner "eigenen Meisterschaft" anzunähern.

Denn denken Sie immer daran: Sie sind Ihres Glückes Schmied, Sie sind "Chef" Ihres Lebens, Sie ganz allein können für sich entscheiden, zu den "Gewinnern" zu gehören und Ihr Leben als Geschenk zu erkennen und anzunehmen. Jetzt in diesem Moment, in welchem Sie diese Zeilen lesen, haben Sie die Chance, Ihre Lebenskarten neu zu mischen und ab sofort das Leben zu führen, das Sie schon immer führen wollten. Sie ganz allein sind verantwortlich für Ihr Leben.

Weitere Infos: siegersystem.de und omniavision.de

ISBN Hardcover	978-3-96565-028-2	€ 24,99
ISBN Paperback	978-3-96565-029-9	€ 17,99
ISBN Epub	978-3-96565-030-5	€ 14,99
ISBN Mobi	978-3-96565-031-2	€ 14,99

Thomas A. M. Windelschmidt

"Der Counselor"
Programmierung des Unterbewussten zur positiven Zielorientierung Bd. I

Mit Vorworten von Martin Limbeck und Markus Euler

Ihr wirkliches Ziel mit Ihnen zu erreichen, ist die "Der Counselor"-Aufgabe! Mit der Klärung von drei Anfangsfragen ist es leichter, den richtigen Weg zu Ihrem Ziel, z.B. zum gewünschten Erfolg, zu finden und zu gehen.

- Was ist Ihre Motivation? Was ist Ihr Warum?
- Was wollen Sie wirklich-wirklich-wirklich?
- Was ist Ihre Bestimmung bzw. Ihre Lebensaufgabe?

"Der Counselor" versteht sich als Ihr Werkzeug, um unterbewusste Blockaden aufzulösen und „falsche" Glaubenssätze, die oftmals in der Kindheit „angelegt" wurden, auszuräumen und mit zielführenden Glaubenssätzen zu substituieren. Das Ziel ist es, Ihre unbewusste (intrinsische) Motivation herauszufinden und Ihr maximales Leistungsvermögen, egal ob im Sport oder im Beruf, hervorzurufen und Ihren Weg zu Ihrem persönlichen Erfolg zu beschleunigen und zu optimieren.

Weitere Infos: der-counselor.de und omniavision.de

ISBN Hardcover	978-3-96565-032-9	€ 24,99
ISBN Paperback	978-3-96565-033-6	€ 17,99
ISBN Epub	978-3-96565-034-3	€ 14,99
ISBN Mobi	978-3-96565-035-0	€ 14,99

Thomas A. M. Windelschmidt

"Der Counselor"
Programmierung des Unterbewussten zur positiven Zielorientierung Bd. II

In Band I zu "Programmierung des Unterbewussten zur positiven Zielorientierung" wurde folgende Kernaussage hergeleitet und erläutert:

- "Du bist, was Du denkst, also denke doch, was Du willst!"

In Band II kommen Menschen zu Wort, die in ihrem Bereich besonders erfolgreich waren oder sind. Die Gesprächspartner haben z.T. sehr unterschiedliche Historien und waren oder sind in verschiedenen Bereichen erfolgreich, z.T. im Sport, z.T. Im Geschäftsleben, aber auch in den Bereichen Wissenschaft, Kunst oder Kultur.

Diese Menschen, die im vorliegenden Buch zu Wort kommen, kennenzulernen und ihr "Warum?" und ihre intrinsische Motivation kennenlernen, war eine große Freude.

Weitere Infos: der-counselor.de und omniavision.de

ISBN Hardcover	978-3-96565-036-7	€ 24,99
ISBN Paperback	978-3-96565-037-4	€ 17,99
ISBN Epub	978-3-96565-038-1	€ 14,99
ISBN Mobi	978-3-96565-039-8	€ 14,99

Thomas A. M. Windelschmidt

Submediation
Konflikte "über" das
Unterbewusste lösen

Mit einem Vorwort von
Hans-Joachim Pohlmann

Unter Mediation versteht man eine Vermittlung zwischen Parteien mit Hilfe eines Mediators, um Meinungsverschiedenheiten, Streitigkeiten oder Konflikte zu lösen. Eine "übliche" Mediation versucht auf der Verstandesebene (Ratio) zu einer Win-Win-Lösung zu kommen. Demgegenüber strebt die Submediation (Subconscious-Mediation) eine grundsätzliche Lösung über das Unterbewusste der Beteiligten an, d.h. es werden auf der Ebene des Unterbewussten die wahren, verborgenen Hintergründe von Dissonanzen und Problemen gesucht und analysiert, um sie gemeinsam mit der jeweiligen Person zu erkennen, zu verstehen und aufzulösen. Der herausragende Vorteil der Submediation liegt darin, dass man nicht versucht, durch „noch akzeptable" Kompromisse eine „Muss"-Einigung zu erreichen, sondern dass man über das „Dürfen" zu einem „Wollen" findet, d.h. das Unterbewusste (emotionale Muster, Blockaden, Glaubenssätze) steht nicht mehr im Weg.

Weitere Infos: submediation.de und omniavision.de

ISBN Hardcover	978-3-96565-040-4	€ 29,99
ISBN Paperback	978-3-96565-041-1	€ 21,99
ISBN Epub	978-3-96565-042-8	€ 17,99
ISBN Mobi	978-3-96565-043-5	€ 17,99

Thomas A. M. Windelschmidt

Wörterbuch 1: A-J

Dieses Wörterbuch enthält Inhalte aus Fachbüchern und dem Internet zur Erläuterung von Begriffen aus den Bereichen Medizin, Psychologie, Physik, Medizin und Biologie u.a. in folgenden Büchern

- ✓ Das wichtigste Wort zum gesund & glücklich sein: Danke!
- ✓ Die Wahrheit über Ihre innere Macht: SUM ERGO CREO
- ✓ Reframingcoaching: Unterbewusstes bewusst auflösen
- ✓ Omniatherapie: Gesundheit & Glück durch Verstehen & Versöhnung
- ✓ Siegersystem: Gewinnen ist Bauchsache
- ✓ "Der Counselor": Programmierung des Unterbewussten zur positiven Zielorientierung
- ✓ Submediation: Konflikte „über" das Unterbewusste lösen

Das Buch wird vom Autor subventioniert und als pdf-Download sogar kostenlos angeboten., siehe omniatherapie.de und omniavision.de.

Weitere Infos::omniatherapie.de und omniavision.de

ISBN Hardcover	978-3-96565-044-2	€ 15,99
ISBN Paperback	978-3-96565-045-9	€ 9,99
ISBN Epub	978-3-96565-046-6	€ 4,99
ISBN Mobi	978-3-96565-047-3	€ 4,99

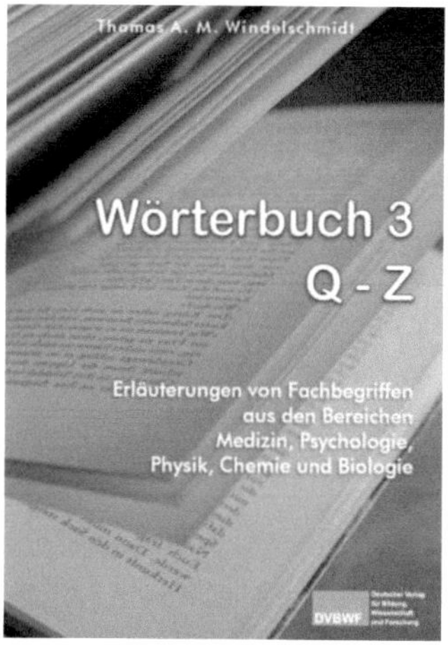

Thomas A. M. Windelschmidt

Wörterbuch 3: Q-Z

Dieses Wörterbuch enthält Inhalte aus Fachbüchern und dem Internet zur Erläuterung von Begriffen aus den Bereichen Medizin, Psychologie, Physik, Medizin und Biologie u.a. in folgenden Büchern

- ✓ Reframingcoaching: Unterbewusstes bewusst auflösen
- ✓ Omniatherapie: Gesundheit & Glück durch Verstehen & Versöhnung
- ✓ Siegersystem: Gewinnen ist Bauchsache
- ✓ Programmierung des Unterbewussten zur positiven Zielorientierung
- ✓ Das wichtigste Wort zum gesund & glücklich sein: Danke!
- ✓ Submediation: Konflikte „über" das Unterbewusste lösen
- ✓ Die Wahrheit über Ihre innere Macht: SUM ERGO CREO

Das Buch wird vom Autor subventioniert und als pdf-Download sogar kostenlos angeboten., siehe omniatherapie.de und omniavision.de.

Weitere Infos::omniatherapie.de und omniavision.de

ISBN Hardcover	978-3-96565-052-7	€ 15,99
ISBN Paperback	978-3-96565-053-4	€ 9,99
ISBN Epub	978-3-96565-054-1	€ 4,99
ISBN Mobi	978-3-96565-055-8	€ 4,99

Thomas A. M. Windelschmidt

GELD: Historie, Probleme im Status quo und Lösungsansätze

Mit Vorworten von
Andreas Popp, Helmut Creutz
und Prof. Dr. Hans J. Bocker

Jeder denkt zu wissen, was „Geld" ist. Fast jeder meint, eine Ahnung zu haben, wie das Geldsystem funktioniert. Und einige sind sich sicher, zu wissen, wie das Finanz- und Wirtschaftssystem aufgebaut ist, wer es steuert und wie es beeinflusst werden kann. Aber stimmt das?

Warum gibt es dann Wirtschaftskrisen? Warum geht die Schere zwischen arm und reich auseinander? Warum gibt es wenige Familien, die 80% des weltweit verfügbaren Kapitals beherrschen, und viele Menschen, die an der Armutsgrenze leben? Warum muss immer mehr produziert werden, nur um bestehende Schulden abzutragen? Wie ist es erklärbar, dass sich ein Staat in seiner eigenen Währung verschulden kann/muss?

Dem Autor gelingt es mit diesem Buch, etwas Licht ins Dunkel zu bringen und komplizierte Sachverhalte in einfachen Worten nachvollziehbar darzustellen, warum "Geld", so wie es konzipiert ist, auf Dauer gar nicht funktionieren „kann".

ISBN Hardcover	978-3-96565-056-5	€ 29,99
ISBN Paperback	978-3-96565-057-2	€ 21,99
ISBN Epub	978-3-96565-058-9	€ 17,99
ISBN Mobi	978-3-96565-059-6	€ 17,99

Thomas A. M. Windelschmidt

MONEY: History, Beliefs, Facts and Solutions

With forwords by
Andreas Popp, Helmut Creutz
and Prof. Dr. Hans J. Bocker

Everyone believes to know what "this" is. Almost everyone thinks they know how the money system works. And some are even sure they know how the financial and economic system is structured, who controls it and how is value can be influenced. But is it really so?

Why are there so many economic crises? Why is the gap between rich and poor widening? Why are there a few families that control 80% of the world's available capital and so many people living on or below the poverty line? And why must more and more be produced just to pay off past debts? What explains why countries established their own currency?

With this book, the author sheds light on complicated facts and puts them into simple terms. With all the flaws in the current money system and the fundamental errors and mistakes that were made when it was construed, it is of essential importance to comprehend why it cannot be sustained in the current status quo.

ISBN Hardcover	978-3-96565-060-2	€ 29,99
ISBN Paperback	978-3-96565-061-9	€ 21,99
ISBN Epub	978-3-96565-062-6	€ 17,99
ISBN Mobi	978-3-96565-063-3	€ 17,99

Thomas A. M. Windelschmidt

Innovative ways forward on the German financial market

Financial markets are in a state of upheaval. The "old school" mechanisms which have worked in the past decades, have become obsolete in today's economic reality. The past strategies have to be reconsidered and replaced by new concepts and understandings. The conditions of life on earth have changed dramatically, the political and economic arenas are not the same any longer the enormously technical developments have contributed to this development. The globalization of communication triggered by Internet and smartphone technologies, social networks and artificial intelligence require a rethink. Market transparency is no longer fiction - portals like check24 are enabling consumers to become professional buying experts furthering developments of new fee-based advice services. Shedding a bright light onto the problems of the existing monetary and financial system, the author presents a layout for alternative solutions. A precious read for the times ahead.

Nur auf Anfrage direkt beim Autor für € 149,-- erhältlich.

Thomas A. M. Windelschmidt

Space Commercialization

Since Jules Verne published his novel "De la Terre à la Lune" in 1965, people are dreaming of entering space. Yuri Alexeyevich Gagarin was the first man in orbit on 12 April 1961 - according to official statements - and Neil Alden Armstrong is said to have been the first person to set foot on the moon on July 21, 1969. Since then, technical development has brought rapid progress. Rumors are spreading about secret technologies enabling man to even visit Mars. Space travelling fueled the genre of science fiction films and has since been the dream of many. Plans exist to make them come true and to enable earthlings to morph into real world space explorers. The commercialization of space is no longer a future vision, but an up and coming industry with non-fictious potentials. In addition to the US American NASA and the European ESA, other countries and private companies are pursuing ambitious goals. Creating a legal base for these adventurous endeavours was a mandatory step, resulting into agreements like the Moon Treaty. In this book, the author presents the historicalprocess, delivers explanations in regards to the status quo and dares to look into the future. Let yourself be carried away into a time that can offer a lot of excitement and let your imagination run wild. The future is just around the corner.

Nur auf Anfrage direkt beim Autor für € 149,-- erhältlich.